Walter Veltroni

La bella politica

Un'intervista di
Stefano Del Re

Rizzoli

ISBN 88-17-84439-X

Prima edizione: agosto 1995
Seconda edizione: settembre 1995

La bella politica

PARTE PRIMA

IL PRIVATO

La bontà e la durezza

Chi è il vero Veltroni? Se lei dovesse raccontarsi, come si descriverebbe?

Forse come una persona generosa. Sono uno che si spende, che cerca di usare la sua fatica e il suo lavoro per corrispondere ai suoi doveri, a tutti i suoi doveri. Ho detto una qualità, poi ci sono i difetti...

Delle definizioni che hanno dato di lei qual è quella che corrisponde di più alla sua personalità?

Non mi sono mai ribellato alla definizione di «kennediano» che indica, nella memoria, un'idea della politica come tensione ideale, capacità di governare, disponibilità a rischiare per le proprie idee. I Kennedy sono morti per le proprie idee, non di raffreddore. Poi sono stato definito, più recentemente un «buonista». Sono in buona compagnia, insieme a Romano Prodi. Mi sta bene. Se «buonismo» è cercare il dialogo e le soluzioni, non la rissa e la propaganda. L'Italia ha bisogno dei primi, non delle seconde. Il paese è «sull'orlo di una crisi di nervi», è attraversato da tensioni che possono svuotarlo. Forse ha bisogno di risentirsi paese, comunità. Potrei poi citare La Rochefoucauld che diceva: «Gli sciocchi non hanno la stoffa di essere buoni». O Machiavelli che scriveva: «Però che a un popolo licenzioso e tumultuoso gli può da un uomo buono esser parlato, e facilmente può esser ridotto nella via buona».

Scusi, sa, ma nelle intenzioni di chi la definisce un «buono» c'è anche l'idea dello scherno. Questo non la disturba?

Per taluni, il cattivo è cinico e ragionatore. Il buono, spesso, ingenuo e basta. Esistono, però, altre categorie: ci sono i buoni che vivono e agiscono secondo i loro princìpi, come nei grandi film western. Il buono è quello che ha dei princìpi e se è necessario usa la pistola per difenderli. In tanti momenti della storia, chi è stato buono è stato costretto a combattere battaglie molto dure. La «bontà» vissuta fa sentire più acutamente le ingiustizie, i torti, le iniquità. Fa soffrire delle altrui sofferenze, non consente appagamenti. Se la bontà, la propensione alla risoluzione dei problemi – forse questa è l'espressione più giusta – si salda a princìpi molto forti, allora le cose cambiano. Qual è l'altra scelta? La politica come esercizio del cinismo, i politici come degli anatomopatologi. Abbiamo già visto, abbiamo già dato. Il cinismo è l'assoluta assenza di princìpi. Per questo la cosiddetta bontà e la durezza sono indissolubili. Credo di averlo dimostrato al congresso del Pds, parlando subito dopo Berlusconi.

Ma a prescindere dalla politica, secondo lei, gli italiani amano di più i buoni o i cattivi?

I buoni. Oggi il paese è talmente stanco, sfibrato, che non ne può più, è provato da anni di terremoto che lo hanno attraversato e lo hanno scosso fin nelle radici più profonde. Da anni, ogni giorno, il paese apre i giornali con ansia; conosce tensioni esterne, che derivano dal riaffiorare di pericoli dimenticati come la guerra. È un paese che sente, secondo me, lo stesso bisogno di ricostruzione che si percepiva dopo la guerra: allora c'erano macerie fisiche. Adesso c'è una grande incertezza, una grande preoccupazione: oggi, per la prima volta nella storia d'Italia, chi è nell'età della maturità non è sicuro di consegnare ai propri figli un paese migliore di quello nel quale ha vissuto. In questo tempo, in Italia, il numero dei morti supera quello dei nati. Un segno di collettiva perdita di speranza.

E questo, secondo lei, favorirebbe la bontà?

Mettiamola così: nel dopoguerra, una grande speranza attraversava l'Italia. Ci si sacrificava, si faceva un buco di più alla cintura dei pantaloni, ma si sapeva che le generazioni che sarebbero cresciute, i propri figli, sarebbero vissuti in un paese migliore. Così è stato per quarant'anni. Adesso noi non siamo più certi di regalare ai nostri figli un paese migliore di quello nel quale abbiamo vissuto. E tutto questo fa emergere la domanda di un ceto politico con precise caratteristiche: serietà; rigore; senso di responsabilità; spirito di ricostruzione; voglia di dialogo; assenza di conflitto ideologico. È quella voglia di normalità che credo sia giusto avere. Claudio Magris ha scritto un bellissimo articolo che spiega il nuovo mito della cattiveria che compare a destra. Dice: «Si cerca di screditare ogni tentativo di rendere più civile il dibattito e il rapporto con l'avversario, ogni speranza di rendere un po' più umano il mondo». «Buono» dice Magris «è una parola forte da usare con pudore ma senza eccesso di pudore.»

«Per te che non c'eri, ma c'eri»

Tornando al privato, quanto peso ha avuto nella sua formazione, la morte da giovane di suo padre?

La sua assenza è stata la prova decisiva della mia vita. Vittorio Veltroni, mio padre, è morto nel 1956, a trentotto anni, quando io avevo un anno: non lo ricordo affatto. Deve essere stata una persona importante, come direbbe un bambino. Una persona che si è trovata nella sua vita a fare, da giovane, molte cose importanti. Quando è morto era il direttore del telegiornale, era stato il capo delle radiocronache, aveva raccontato sul campo alcuni degli eventi più importanti di allora.

Quali?

Quando ancora non esisteva la televisione, c'era in Rai una redazione radiocronache. Era formata da un gruppo di ragazzi che si chiamavano Nando Martellini, Lello Bersani, Alberto Giubilo, Aldo Salvo, Sergio Zavoli e tanti altri. Andavano in giro per l'Italia: a Superga ai funerali del grande Torino; nel Polesine travolto dall'alluvione; al Tour de France. Raccontavano questo paese che immagino raccolto la sera davanti alla radio ad ascoltare.

Quando aveva cominciato?

Molto giovane, negli anni Trenta. Venne poi nominato direttore del telegiornale. Fece un anno e mezzo di telegiornale da metà del 1954 al 1956. Morì il 26 luglio del 1956. Il giorno dell'affondamento dell'*Andrea Doria*.

Come era arrivato alla Rai?

Francamente non lo so. Credo che abbia cominciato con le radiocronache, ma non sono certo dell'inizio. So solo che poi, nel corso della mia infanzia e della mia adolescenza e anche dopo, ho cercato di ricostruire la memoria di mio padre, come credo facciano tutti i figli orfani. E l'ho fatto utilizzando le fotografie che avevo in casa e che erano per me leggendarie: mio padre con la tuta della Rai al Tour de France; mio padre con Nicolò Carosio che fa la cronaca delle partite della nazionale di calcio; mio padre alle Olimpiadi di Helsinki del 1952. C'è anche, e ne andavo molto fiero, una foto di mio padre che, sorridente, intervista Palmiro Togliatti.

Che cosa provava davanti a quelle foto?

Sono rimasto colpito quando ho realizzato, molto tardi, che era morto a soli trentotto anni. Sa, guardando le foto non si capiva che avesse quell'età, tanto che pensavo che avesse superato la cinquantina. Non so com'è, ma nelle foto d'epoca i ragazzi di allora sembrano sempre molto più anziani dei coetanei di oggi: un po' la brillantina, un po' i vestiti larghi, un po' le facce, forse segnate da quel tempo. Insomma, a un certo punto mi resi conto che mio padre era morto giovane. Cosa, per me, difficile da capire e forse persino da accettare.

Che cosa pensa di aver ereditato da lui?

Alcune istantanee li ritraggono tutti insieme, lui e il gruppo dei ragazzi delle radiocronache, attorno alla sua scrivania. Bene: ciò che mi è sempre piaciuto di quelle immagini è il senso di squadra che se ne sprigiona. È qualcosa che poi, nella vita, ho cercato di portare avanti: l'idea di un gruppo di persone diverse fra loro che, però, fanno squadra, lavorano insieme, giocano insieme in un clima di lavoro il più possibile festoso. Spero, credo, di aver fatto altrettanto. L'altra cosa che man mano ho capito è che mio padre faceva tante cose insieme.

Ovvero?

Ad esempio ho scoperto, consultando il *Dizionario del cinema italiano* di Gianni Rondolino, che Vittorio Veltroni era autore della sceneggiatura di *Amore in città*, un film a episodi di Federico Fellini e altri. In seguito ho scoperto anche che scriveva testi per alcune commedie musicali di Renato Rascel.

Ha avuto modo di parlare di questa sua attività con alcuni dei personaggi che frequentarono suo padre?

Certo, soprattutto loro ne hanno riparlato con me. In qualche misura una delle ragioni dell'affetto di Alberto Sordi, Ettore Scola, piuttosto che di Sergio Zavoli o di Enzo Biagi o di tanti altri nei miei confronti, sta nel fatto che hanno conosciuto mio padre. E la cosa che tutti quanti mi hanno raccontato di lui è la grande tensione interiore che lo animava, la voglia di fare. Ma anche la lontananza dalla politica. Sì, mio padre era assolutamente lontano dalla politica.

Da dove veniva la sua famiglia?

Lui era nato a Tripoli, perché suo padre, che era conservatore delle ipoteche, e si chiamava Walter, girava per il mondo. L'origine della famiglia è aretina, di Foiano della Chiana. Poi c'è una parte aquilana, abruzzese. Invece mia madre, Ivanka, era nata a Roma ma figlia di jugoslavi. Mio nonno era un diplomatico jugoslavo a Roma presso la Santa Sede. Finì a via Tasso, la prigione delle torture nazifasciste a Roma, perché aveva ospitato dei resistenti. Con tutto ciò, la mia famiglia, almeno per come la ricordo - perché è vero che non ricordo mio padre, ma ricordo il clima e credo che fosse sostanzialmente uguale da sempre - era una tipica famiglia democratica di quegli anni. I libri che circolavano in casa erano i libri democratici. Le persone che circolavano in casa erano democratiche. Dico democratiche nel senso pieno del termine. Democratici: persone antifasciste, persone che avevano una certa passione per le idee, la cultura. Comunque non ho ricostruito tutto di mio padre. Devo aggiungere che in parte ciò è dovuto al pudore, mio e di mia madre, ad affrontare l'argomento. Sa, per lei la sua morte fu una prova molto dura e avevo paura di riaprirle la ferita.

Dove si erano conosciuti?

A Roma, quando mio padre faceva *Arcobaleno*, una trasmissione radiofonica di un certo successo... Ne inventò molte, una era *Arcobaleno*, l'altra era *Rosso e nero* e un'altra ancora *La catena della solidarietà*, che creò quando ci fu l'alluvione del Polesine. Non so se mia madre gli scrisse, insomma avvenne qualcosa del genere. So che poi ci fu la storia di una torta che mia madre fece avere a mio padre durante una trasmissione, una cosa molto tenera, come in certe commedie americane. Parlando di quegli anni, devo dire che nutro un grandissimo affetto sia per il gruppo dei collaboratori di mio padre, sia per quelli che ho già citato, che per altri che non ho conosciuto direttamente, come Mario Ferretti, padre di Claudio, che è l'uomo che disse «Un uomo solo al comando, la sua maglia è bianco-celeste, il suo nome è Fausto Coppi» e poi Mario Ortensi e Antonio Piccone Stella, che fu, dopo mio padre, direttore delle radiocronache. E poi i ragazzi, quelli che allora erano i ragazzi della sua squadra come Bruno Ambrosi, Emilio Pozzi, Italo Gagliano... ne ho conosciuti e incontrati tanti nel corso di questi anni e ogni volta usavo un pezzetto dei loro racconti per ricostruire il carattere di mio padre. Sicuramente la sua è la presenza-assenza decisiva nella mia vita.

Pensa ancora a lui?

Quando scrissi *Io, Berlusconi e la Rai* mi venne, non so perché, una specie di poesia. Non ne avevo mai scritta una in vita mia, fiero di non averlo mai fatto. Però cercavo un modo per dedicare questo libro a mio padre e così di getto una sera scrissi qualcosa che assomigliava a una poesia... Dice: «Per te, in quelle foto quando ero bambino, per quella tuta, quella brillantina sui capelli, quella barba da giovane, quella spider con la scritta di tre lettere. Per quel microfono d'argento chiuso nell'armadio buono. Per Fausto il tuo amico veloce che inseguivi sui monti di Francia. Per te che non c'eri, ma c'eri». È singolare, perché non mi era mai venuto in mente, prima, di scrivere con questo tipo di scansione. Però, nella mia infanzia, quando mia madre usciva e restavo solo a casa – cosa che capitava spesso essendo, la nostra, una piccola famiglia – passavo molte ore a guardare le foto, a cercare nei cassetti le cose di mio padre, i documenti, le carte, a vedere gli oggetti che aveva lasciato. Ricordo che mia madre aveva tenuto l'ultimo pacchetto di sigarette che aveva fumato, la sua patente, il suo accredito alle Olimpiadi del '52. Era tutto in un piccolo armadio a vetri. Quando andavo lì, in segreto per non far capire a mia madre che papà mi mancava, era come se cercassi di riprendermi qualcosa che mi era stato tolto.

Di che cosa è morto?

Di leucemia. Credo presa perché a lui piaceva andare in automobile, era uno a cui piaceva la velocità, ebbe un incidente automobilistico molto serio provando una macchina, credo una Fiat. Fu necessaria una trasfusione e poi cominciò la malattia. Ho incontrato il medico che l'ha curato, un senatore del Pds, Glauco Torlontano. Adesso è uno dei più grandi esperti di leucemia, allora era un giovane assistente di un professore autorevolissimo e scrisse un saggio sul tipo di leucemia di mio padre. Lui morì nel palazzo in cui abito ancora oggi, al secondo piano. Mi resta la cassetta con le riprese dei suoi funerali. Me l'hanno mandata i suoi colleghi. Devo ammettere sinceramente che la prima volta che l'ho vista è stata un'esperienza abbastanza difficile.

Lo ripresero i suoi colleghi?

Lo ripresero i suoi colleghi, la troupe del telegiornale fece il filmato dei funerali che partirono da questa casa. Come vede la mia vita sta tutta in un fazzoletto. Persino i genitori di mia madre abitavano in questo quartiere. Diciamo che la nostra vita è qui a Roma, intorno a piazza Fiume.

Vuol dire che la sua famiglia ha sempre abitato in questa zona di Roma, è così?

Sono praticamente quattro generazioni che noi stiamo nel quartiere Salario. E in questo stesso palazzo dove ancora abito, ci sono nato io ed è morto mio padre. In quarant'anni ci siamo spostati solo di piano: dal secondo al terzo e dal terzo al primo. Così mi sono trovato a vivere, dal punto di vista dell'architettura del palazzo, sopra e sotto la casa nella quale stavamo quando papà era vivo.

Scusi la domanda un po' cruda: esiste anche un lato positivo nel crescere come lei senza padre, ma con la sua figura una figura forte, sempre accanto?

Diventi grande prima. In qualche misura, come sempre succede, il dolore ti fa diventare più grande. Ricordo quando, a scuola, i padri venivano a prendere i figli il sabato. Sono cose... Oppure quando i bambini ti chiedevano: «Che lavoro fa tuo padre?», e tu gli dovevi spiegare «No, io non ce l'ho il papà, perché papà è morto». Sono cose che, insomma, rimangono. Prime esperienze che ti fanno indurire, no, neanche indurire, ti fanno crescere, ti fanno prendere più responsabilità. Ti fanno entrare in rapporto col dolore prima. L'esperienza del rapporto con il dolore è una cosa importante nella vita di una persona. Sicuramente ha un effetto di accelerazione nel processo di maturazione. Se vuole, sono quei vuoti che ti riempiono dentro. Mi fu di conforto più avanti, la lettura di un brano dei pensieri di Leopardi: «Scorri le vite degli uomini illustri e se guarderai a quelli che sono tali, non per iscrivere, ma per fare, troverai a gran fatica pochissimi veramente grandi, ai quali non sia mancato il papà nella prima età». Scherzo, ovviamente.

Lei ha parlato talvolta di un film che la lega al ricordo di suo padre. Ce lo racconta?

È il film della mia vita. Non è un giudizio estetico, è semplicemente un fatto affettivo. I film si dividono in due categorie: quelli che ti piacciono e quelli che ti prendono. E non necessariamente coincidono. Questo è di un giovane regista americano, Phil Alden Robinson. Si chiama *L'uomo dei sogni*, è del 1988 ed è la storia di un ragazzo, Kevin Costner, che ha fatto il '68, e poi si è ritirato in campagna a coltivare il granturco. A un certo punto, la notte, mentre cammina per questo campo di granturco, sente una voce dal cielo che gli dice: «Se lo costruisci lui tornerà». Per farla breve, lui costruisce un campo da baseball e improvvisamente una notte scopre che su quel campo c'è una squadra che sta giocando, una mitica squadra americana di giocatori tutti morti mezzo secolo prima. A un certo punto lui capisce che uno di questi giocatori di baseball è suo padre. È un film che sprigiona veramente una strana magia. E il protagonista fa una cosa che io non ho mai fatto con mio padre, cioè gioca con lui. È una cosa che a me non è mai capitata. Da quel punto di vista, per me, quel film è stato come improvvisamente...

Che cosa?

Come una fiocinata di dolore che ti colpisce al ventre.

Senta, Veltroni, com'era sua madre?

Mia madre, Ivanka, ha dovuto fare tutte le parti: la madre e il padre.

Che ricordo ha di lei?

Molto dolce, è sempre stata una persona molto carina, piena di vita e di fantasia. Ecco, ricordo che, anche quando alla fine stava male – lei è morta il 31 marzo del '92 – ogni tanto mi telefonava e mi diceva: «Senti, mi porti un libro sul Senegal?». Dicevo: «Mamma che ci fai con un libro sul Senegal?». Ormai erano anni che lei oltre questo quartiere non andava. In realtà, dopo essere andata in pensione, si era messa a scrivere romanzi rosa sotto pseudonimo, romanzi rosa che ambientava nei posti più esotici del mondo, dal Senegal, appunto, al Madagascar. Viaggiava con la fantasia.

Con che pseudonimo scriveva?

Vari. Uno era Emily Pollifax, un altro Valery Sarandon. Quando era andata in pensione si era messa a fare questo lavoro che a lei piaceva molto, la divertiva, le teneva occupata la testa: era una cosa molto importante per lei, che non ha mai smesso di inventare, di progettare.

Quando aveva sposato suo padre?

Dopo quella trasmissione radiofonica di cui ho detto, nel '47. Nel '49 è nato mio fratello. Io sono nato nel '55. Nel '56 mio padre è morto, dopodiché mia madre è entrata in Rai. Allora esisteva, credo esista ancora, la norma per la quale se muore in servizio un dipendente i familiari possono subentrare: si mise a fare la funzionaria. Mio padre prima era una personalità, vivevamo in una casa grande in condizioni di benessere. Improvvisamente lo status sociale della famiglia si trasformò. Andammo ad abitare in un appartamento molto piccolo... Insomma, ricordo che abbiamo faticato; la mia non è stata una famiglia nella quale ci fossero grandi possibilità. Mia madre era funzionaria Rai e doveva tirar su due figli. Era faticoso. Ricordo ancora l'entusiasmo per la prima Seicento. Devo molto a mia madre, questo ho fatto in tempo a dirglielo. Una cosa che credo sia stata importante, anche nel mio lavoro, è il fatto che fossi una persona bene educata. Questo lo devo davvero a lei: un certo rispetto degli altri, una certa gentilezza, una certa disponibilità alla vita, li devo a lei. Purtroppo, la sua malattia, un tumore al rene, è stata lunga, faticosa, sono stati tre anni e mezzo di battaglia durissima. Fino alla fine. Per tre anni il male l'ha sfidata e l'ha svuotata. Lo si fermava in un punto, spuntava altrove. Lei è stata grandissima. Ricordo che un'ora prima di morire mi telefonò, ero a Perugia in campagna elettorale, e mi disse che aveva visto in televisione la notte degli Oscar ed era contenta che avesse vinto Salvatores. Poi chiamò mia moglie, mio fratello. Per motivi semplici, di giornata. Poi, come se avesse voluto salutare tutti, se ne andò. Con l'elegante leggerezza con la quale aveva riempito e colorato la nostra vita.

Qual è il ricordo più significativo che ha di lei?

L'allegria. Era una persona molto allegra, aveva dei grandi occhi verdi e una grande curiosità per il mondo.

I genitori di sua madre, ha detto, erano jugoslavi?

Suo padre era sloveno, di Lubiana, si chiamava Kotnik. Ivanka, mia madre, come ho detto, era nata a Roma. Sua madre era dell'Aquila. Si chiamava Mosca. E per questa via credo fossimo parenti di Bruno Vespa. Una parentela «volatile»: Mosca e Vespa. La sorella di mia madre si chiama Darinka e vive in Canada, è corrispondente del «Giorno» ed è una scrittrice di libri storici.

Ricorda i suoi nonni?

Solo le nonne, i nonni no. La mia è una famiglia... una specie di «dieci piccoli indiani». Purtroppo è sempre stata una famiglia piccola, terribilmente piccola. Non ho mai organizzato pranzi di famiglia per non trovarci in due o tre. Ed è stata una cosa che mi è mancata: invidio quelle grandi famiglione che si riuniscono, in cui tutti sanno tutto di tutti. Invece quando coloro che ti vivono vicino sono così pochi, ci si trova molto rapidamente in prima fila. In fondo la presenza di una famiglia ti fa da rete di protezione. Tu sai che se cadi, comunque c'è una rete. Quando scopri di essere solo, tutto diventa più faticoso: cioè il carico di responsabilità che pesa su di te; l'assenza di consigli che sai essere certamente disinteressati. È come stare in guerra e, all'improvviso, scoprire che non hai più nessuno davanti e in prima fila ci sei tu.

In una scala di valori generali a che posto viene la famiglia per lei?

In cima.

*Suo fratello maggiore Valerio, sei anni più di lei, è stato a lungo l'*enfant prodige *del Pci. Era lui l'intellettuale di famiglia, la testa politica, l'avventuroso, quello che aveva successo con le donne. Poi, lui è uscito di scena senza spiegazioni mentre lei mieteva i primi successi in politica. Perché?*

Non so perché. Lui si è stancato prima. Adesso ha un'attività sua, imprenditoriale. Ci vediamo poco, purtroppo. La morte di mia madre è stata l'occasione in cui ci siamo fortemente reincontrati, riuniti, ma per il resto la sua vita e la mia ci portano a una condizione di forte distanza. Sono molto legato a suo figlio che studia e insegna a Cambridge e si chiama Vittorio. Tra me e Valerio c'è un rapporto di sangue molto forte. Siamo rimasti da soli, per cui sappiamo che possiamo contare l'uno sull'altro.

Ma la sua decisione di lasciare la politica?

È di molti anni fa, della fine degli anni Settanta. Credo perché fosse finita la benzina. Sa com'è, finisce la benzina dentro. Ha fatto bene, credo. La cosa peggiore, quando ti finiscono le motivazioni, è continuare a sopravvivere. Non è utile né a te stesso né alla politica. La politica è un mestiere complicato, un mestiere che alla fine ti consuma e al quale finisci per attribuire troppa importanza, nel senso che se tu leghi la tua vita solo alla politica, poi la politica ti può anche mettere da un lato e tu vivi la tua vita da un lato. Credo che lui abbia fatto bene a cambiare totalmente dimensione. Mio fratello è andato via di casa molto presto, perché appunto è andato per la Federazione giovanile comunista in Puglia nel 1969, quando avevo quattordici anni. Poi, dopo la Puglia, è andato in Sicilia. Praticamente a Roma è tornato quasi dieci anni dopo.

Quando lei però già faceva attività politica da un pezzo.

Sì, ero segretario della Fgci romana. Ma non ci siamo mai incrociati, politicamente. Nel senso che quando lui era in Fgci, io mi ero appena iscritto. Poi lui ha cambiato, è andato al partito.

Non c'è stata mai rivalità tra voi due?

No, assolutamente. L'ultima cosa che c'è al mondo fra noi è la rivalità. Non c'è naturalmente da parte mia e non c'è mai stata da parte sua. Anzi, lui mi segue con grandissimo affetto e partecipazione. Avrebbe potuto esserci, anzi devo dire che avrei ritenuto naturale che ci fosse. In fondo lui aveva cominciato un'esperienza, e poi io adesso mi trovo... Sarebbe stato del tutto naturale: questo va a onore del suo affetto e della sua generosità. Non solo non c'è mai stata rivalità ma c'è anche un grandissimo rispetto: non ha mai voluto mettere becco, dare consigli. Però nei momenti fondamentali di questa mia esperienza politica ogni tanto arrivava una telefonata di solidarietà, di affetto. Nulla di meno, nulla di più. Però mi sembra che sia già molto. Francamente, rivalità fra noi non ne sono mai esistite, se non per l'affetto materno, ma questo è naturale...

Cioè?

No, è una battuta. Vale per tutti i ragazzini, anche per le mie figlie.

Ma sua madre era più affettuosa con lei o con lui?

Era ugualmente affettuosa.

Davvero non c'era un preferito?

Direi di no.

Scuola e fantasia

A proposito di affetti. In un mondo votato al pettegolezzo come quello della politica, per non parlare di quello del giornalismo, lei fa la figura di una mosca bianca: è di una riservatezza proverbiale. Proviamo a indagare: a chi ha dato il primo bacio?

Sa che non me lo ricordo. È impressionante. Mi ricordo solo che mi lasciai con la prima ragazza quando avevo undici anni, perché lei voleva baciarmi e a me sembrava, dal punto di vista igienico, una cosa abbastanza disdicevole.

Abile risposta. Forse, undici anni è un po' presto. Provi a risalire con la memoria, vuole?

Davvero non ricordo.

Il primo coinvolgimento serio?

Il primo grande amore è sfortunato, come lo sono tutti. Mi innamorai di una ragazza che stava in classe con me, una ragazzina dai capelli rossi, per dirla alla Charles Schultz, per la quale soffrii terribilmente. Mai baciata. Ma le mandavo delle gran lettere. E prima mi ricordo di un amore ancora più devastante: fu una cosa in quarta elementare. Ricordo che, usciti da scuola, correvo a casa a perdifiato perché dalla finestra della mia camera da pranzo si vedeva il portone del suo palazzo e quindi aspettavo di vederla entrare: mi bastava così.

E questa come ce li aveva i capelli?

Era bruna.

Come si chiamava?

Emanuela.

E quella con i capelli rossi?

Teresa.

In che classe eravate?

Quarta ginnasio.

Bene. E il primo bacio allora?

Non me lo ricordo.

Ma com'è possibile, se ricorda perfino un amore in quarta elementare?

Giuro: non me lo ricordo.

E il primo sesso?

Primo sesso a diciotto anni. Mi pare.

Le pare? E con chi?

E no, adesso non chieda troppo. Per rispetto non si dice.

Va bene, per rispetto non si dice. Ma dove?

A Roma. A sedici anni, non a diciotto, a ripensarci era nel '71.

Come descriverebbe questo amore a sedici anni?

Come una specie di introduzione a una cosa importante come è stato invece il mio rapporto con Flavia, mia moglie. Quest'anno compiamo il ventunesimo anno.

E va bene, lei ci tiene troppo alla sua immagine di bravo ragazzo. Mi dica almeno una cosa: è divertente essere a ogni costo tanto bravo e perbene?

Ma l'immagine di bravo ragazzo non corrisponde al vero. Sono stato molto fortunato, perché ho incontrato una donna strepitosa, nel senso di una donna divertente e solidale. Sono due cose fondamentali. Siamo cresciuti insieme. Quando ci siamo messi insieme lei aveva quindici anni, io diciotto. Era il 1974. C'era stato da poco il referendum sul divorzio. Parliamo del Neolitico, del Giurassico. Siamo cresciuti insieme per ventun anni, non ci siamo mai lasciati un giorno, non abbiamo mai avuto quei litigi clamorosi che capitano. Flavia è una presenza fortissima nella mia vita, una presenza importante e però molto divertente. Credo che si resista tanti anni insieme solo se ci si diverte, ci si aiuta, ci si stimola. Flavia ha un grande equilibrio interiore e una grande discrezione ed è assai più forte di quanto il suo carattere mite possa far pensare. Eppure le nostre vite sono intrecciate come in una corda da marinaio. Ricordo che quando ci mettemmo insieme, fu un approdo faticoso, provai una sensazione di gioia fisica. Come quando da bambini si mette la testa fuori dal finestrino dell'automobile e si incontra il vento sul viso. O come la più bella rappresentazione della serenità che abbia visto al cinema: la passeggiata di Gene Kelly nel finale di *Cantando sotto la pioggia*. Mi sentivo così ventun anni fa. Mi sento così ventun anni dopo.

E da allora? Non ci sono stati altri amori? Crisi?

Altri amori assolutamente no.

Va bene, mi arrendo. Che cosa è cambiato in lei da quando è diventato padre?

Moltissimo. Intanto perché devo improvvisare un mestiere. Non avendo vissuto un rapporto con il padre, devo imparare a esserlo, una cosa per me del tutto inedita. Devo trovare il giusto equilibrio tra amicizia e autorità, che è una cosa importante, una cosa delicata e importante.

Come si chiamano le sue figlie?

Martina e Vittoria. Otto anni Martina e cinque Vittoria.

Che cosa le preme di più che imparino?

La fantasia. Mi piace che esercitino la fantasia. La cosa che mi piace di più di Martina è che ogni tanto entro in casa e la trovo seduta in un angolo che legge oppure che cammina per casa leggendo. Ha una grande curiosità, una grande fantasia. Ricordo un libro di Gianni Rodari, che mi fece grande impressione, *La grammatica della fantasia*. E se c'è una straordinaria risorsa in ciascuno di noi questa è proprio la fantasia. La fantasia è in qualche modo la tensione, la voglia di camminare, di cercare, l'indisponibilità alle certezze assolute, il senso dell'umorismo, la consapevolezza della relatività delle cose. Per un bambino il gioco della fantasia è il gioco più importante. Se i genitori hanno un dovere, solo quello forse, è il dovere di coltivare nei bambini la fantasia. Per il resto mi fa compagnia, come un buon educatore, una poesia di Kahlil Gibran: «I vostri figli non sono i vostri figli. Sono i figli e le figlie della fame che in se stessa ha la vita. Essi non vengono da voi ma attraverso di voi. E non vi appartengono benché viviate insieme. Potete amarli, ma non costringerli ai vostri pensieri, poi che essi hanno i loro pensieri. Potete custodire i loro corpi ma non le anime loro. Poi che abitano case future, che neppur in sogno potrete visitare. Cercherete di imitarli, ma non potrete farli simili a voi».

Alla scoperta della politica

Lei ha scoperto la politica molto giovane. Sull'argomento circolano versioni differenti. Possiamo mettere un po' d'ordine? Come nasce la sua vicenda politica?

Anche qui è come il primo bacio, non so dare una data definita. So però che a tredici anni, in terza media, facevo le collette per il Vietnam. A tredici anni ho partecipato al primo corteo studentesco, che era uno dei tanti cortei per la riforma della scuola.

Quando lei aveva tredici anni era il...

Era il '68, sì. Nasco politicamente col '68. Tuttavia, la mia prima grande esperienza politica è la morte di Kennedy, nel senso che ricordo di aver letto a otto anni tutto quello che lo riguardava. Con mia figlia, tempo fa, vedevamo le immagini di Sarajevo, e vedevo in lei lo stesso tipo di emozione che mi ricordo di aver vissuto allora. I grandi fatti storici vissuti in quel tempo della propria vita sono un imprinting fortissimo così come lo furono le Olimpiadi di Roma, il viaggio di Gagarin, la strage degli aviatori italiani a Kindu. Forse la mia prima esperienza politica è quella. Poi mi appassionai moltissimo all'elezione di Saragat. Era la prima volta che il presidente della Repubblica veniva eletto in diretta televisiva e ne fui colpito moltissimo. Mi affascinava vedere in televisione le sedute con Bucciarelli Ducci che sfogliava le schede. Ricordo che lo facevo con le figurine. Prendevo un mucchio di figurine e le sfogliavo e dicevo Nenni, Saragat, Fanfani, a caso e poi alla fine contavo... Quando mi sono trovato a votare per Scalfaro, cosa che ho fatto con grande piacere, mi è capitato di ripensarci. Queste sono l'infanzia, le prime esperienze e i primi amori politici. Poi l'impegno politico serio comincia attorno appunto ai tredici, quattordici anni. Comincia leggendo tutte le cose che si leggevano in quegli anni; comincia leggendo un po' di romanzi e un po' di saggi; comincia leggendo Pavese ma anche Cassola; leggendo Che Guevara. Ero abbonato anche a una rivista di cattolici democratici che si chiamava «Dimensioni oggi», allora si chiamavano cattolici del dissenso. Comincia andando al cinema Nuovo Olimpia, vedendo certi film. Insomma quel grande evento che ci prese tutti in quegli anni. Si apriva la finestra ed entrava una speranza, e non appartenere a quella speranza era, in qualche modo, farsi del male.

Poi però arriva la politica vera e propria. E arriva molto presto per lei.

Mi iscrivo alla Fgci nel 1970. Così, perché mi piaceva Berlinguer, perché mi avevano colpito le sue conclusioni al XII congresso del Pci, nelle quali aveva già abbondantemente strappato rispetto alla tradizione comunista. Bisogna tener conto che nella mia formazione l'Urss era nemica, cioè nel gioco buoni/cattivi, amici/nemici l'Urss era nemica e gli Stati Uniti erano la cultura di riferimento. Ricordo che a casa avevo trovato *Americana* di Vittorini, un librone verde rilegato che avevo divorato con avidità. Il mio cuore era a sinistra, la mia propensione era per l'equità sociale, la giustizia, l'aiuto ai più poveri, insomma molto del Don Milani che avevo appena letto. Per me la *Lettera a una professoressa* era stata una specie di squarcio, di allargamento della mente. Quindi tutto di me stava a sinistra. Però, c'era questo problema del rapporto con l'Urss che per tanti motivi non accettavo. Ricordiamo che l'Urss, che in quegli anni voleva dire Breznev, era quanto di più lontano potesse esserci dal cuore di un ragazzo del '68.

Be', certo l'Unione Sovietica di Breznev era lontana anni luce dal situazionismo originario del Maggio francese o dal radicalismo libertario di Berkeley. E tuttavia, fin dall'inizio, ancora prima che l'estremismo marxista – in Italia i cosiddetti «gruppetti» – diventasse dominante nelle università, i movimenti studenteschi tanto d'Europa che d'America manifestavano soprattutto contro l'imperialismo americano e la guerra del Vietnam. L'opposizione al socialismo reale, che pur contava, veniva in secondo piano. Invece lei, fin da allora ce l'aveva solo con l'Urss: come mai?

È vero, in me prevalevano i motivi per non accettare l'Urss. Motivi, se vogliamo, di immagine, di clima, di temperatura, di persone, prima ancora che di ragionamento politico. E uno su tutti: non c'era la libertà, non c'era la democrazia. Gli Usa come ho detto rappresentavano la cultura di riferimento. Ma questo non mi impedì di stare dalla parte dei Vietcong con amore e passione.

Quello che non è chiaro, però, è perché, avendo come esempio il '68, lei si avvicini subito al Pci di Berlinguer. Tra l'altro il Berlinguer del '70 era molto meno conosciuto e decifrabile del Berlinguer degli anni successivi.

Intanto, dobbiamo fare tutti un'operazione di trasposizione di noi stessi in quel tempo. A me già allora era piaciuto il giudizio che era stato dato sull'invasione della Cecoslovacchia, invasione che vissi come un grande dolore. Infatti stavo dalla parte di Jan Palach, stavo dalla parte di Dubcek. Dubcek era in qualche modo l'altro socialismo possibile. Poi però la reazione all'invasione sovietica e il racconto fatto dai giornali di come Berlinguer stesse progressivamente definendo l'identità autonoma e democratica del Pci mi avvicinarono al partito.

Quindi il suo approccio al partito è maturato all'inizio dalla lettura dei giornali?

Sì, in parte. Ma devo dire, anche, che si facevano sentire gli effetti della presenza di mio fratello, nel senso che la Fgci arrivava attraverso di lui, leggevo il giornale «Nuova Generazione» che era particolarmente sbilanciato in avanti, soprattutto sul '68 di Dubcek. Mi piaceva questo elemento di dinamica che andava nella direzione che preferivo. Come ho detto mi iscrissi nel 1970 alla Fgci e nel 1971 mi ritrovai - me lo ricordo perché era il mio primo incarico - responsabile della circoscrizione Salaria, una cosa piccola e impegnativa.

Com'è che divenne subito un dirigente?

Avviene che fai un po' di interventi in qualche riunione e allora qualcuno pensa che tu sia capace e ti danno delle responsabilità.

Ma chi fu a scoprirla?

Allora il segretario della Fgci era Antonello Falomi.

Quindi fu lui a metterle gli occhi addosso?

Sì, penso di sì. Il talent-scout penso sia stato Antonello. Facevo il segretario della cellula della Fgci della mia scuola, l'Istituto di Cinematografia, il Cinetivù. E ricordo ancora il primo comizio che feci. Mi mandarono a parlare del Vietnam a una Festa dell'Unità. Passai ore a prepararmi, il giorno, la notte intera, insomma avevo quindici anni, e a quell'età fare un comizio... Naturalmente non c'era nessuno ma non me ne accorsi. Era un comizio in una borgata romana, mi ricordo che presi tre autobus, un posto lontanissimo. Solo che a un certo punto, mentre ero al culmine del numero che mi ero preparato per strappare gli applausi ai pochi presenti, si infilò sulla lunghezza d'onda del microfono un radioamatore, per cui il comizio fu funestato da questa intromissione di voci. E così cominciò anche la mia carriera politica.

Quanti eravate nella cellula del Cinetivù?

Eravamo una dozzina, forse quindici persone.

Su quanti studenti?

Bah, saranno stati quattrocento, forse. Però eravamo

forti. Ma allora era bello anche perché c'era la lotta contro l'estremismo. In quella scuola c'era Stella Rossa, c'era l'Unione dei Marxisti Leninisti, tutti gruppi che a me hanno sempre dato fastidio. A me la cultura minoritaria della sinistra non è mai piaciuta.

Allora lei era già un moderato, vogliamo dirla così?

Non so. So che mi dava fastidio l'estremismo.

Almeno secondo i canoni dell'epoca...

Sì, secondo i canoni dell'epoca, sì. Certo, devo dire sinceramente che mi dà fastidio oggi ritrovare a destra, a farmi la lezione, gente che, allora, gridava nelle piazze «Msi fuorilegge, a morte chi lo protegge», oppure «Camerata basco nero, il tuo posto è al cimitero», tutte cose che consideravo un orrore allora e continuo a considerare un orrore adesso. Allora noi prendevamo le sprangate in piazza da quelli che volevano dare fuoco alle sedi del Msi. Adesso, le sprangate, le prendiamo in televisione. Sempre dagli stessi. Solo che loro, oggi, stanno con quelli che vengono dal Msi.

Che cos'è l'Istituto di Cinema e Televisione?

È una scuola secondaria di Roma. Che esiste ancora. Sta in via della Vasca Navale, sull'Ostiense.

E come mai non andava al liceo come tutti i bravi ragazzi borghesi di allora?

È che ero innamorato del cinema, la mia grande passione era il cinema, vivevo di cinema, ne entravo e uscivo. Lo ricordo come un tempo molto bello. Intanto la società era diversa: un ragazzino di dodici anni poteva andare al cinema da solo tranquillamente; passavo le mie giornate al cinema Mignon o al Planetario o al Nuovo Olimpia. Il Planetario era un cinema meraviglioso, a Piazza Esedra, nelle Terme. Era bellissimo perché fecevano le proiezioni dei film e la sera si aprivano le volte e ti mostravano le stelle, era come se non ci fosse soluzione di continuità tra una cosa e l'altra, tra la fantasia e lo spazio. E ho bevuto tutto. Uscivo da un cinema ed entravo in un altro. Mi ricordo di aver visto due o tre film al giorno per un lungo periodo. Era la mia grande passione. Era quello che avrei voluto fare nella vita.

Ma in casa non le dicevano niente per questa sua scelta scolastica?

Ho fatto due anni di classico al liceo Tasso, poi ho cambiato... Al Tasso andavo male, molto male. Stavo male.

Perché andava male?

Perché... non so perché, però stavo male, ero in quelle fasi...

In che materie non andava bene?

Mah, in matematica, e non andavo bene neanche in greco. Andavo bene in italiano, in storia. Ma non stavo bene, sa erano quei tempi... Tutti abbiamo avuto un paio di anni difficili... Allora feci un atto di coraggio, andai in questa scuola, feci un esame integrativo in tutte le materie, ricordo, micidiale. Dovetti studiare tredici materie e però andai molto bene. Devo molto a quella scuola. Persino all'impatto con la composizione sociale della classe. Sembrava una specie di legione straniera: c'era gente di tutti i ceti sociali, di estrazione la più diversa, gente che era stata ripetente in molte scuole. Fu una specie di educazione alla vita. Mi insegnarono a non essere fighetto, come si dice. In fondo, al Tasso eravamo tutti convinti di essere il centro del mondo. Arrivai lì e fu una scuola di vita fortissima. Ho recentemente incontrato i miei compagni di classe di quegli anni. Deve sapere – così rompiamo l'immagine del bravo ragazzo – che quella classe, la IV Operatori, è diventata in quella scuola un mito. Uno di noi, che ora fa il professore lì, ci ha raccontato che ancora si parla delle nostre gesta. Ne siamo stati molto fieri. Eravamo una classe pazzesca, una specie di *Animal House*. Ogni mattina partiva un colpo di genio da qualcuno. Uno di noi, quando ci siamo incontrati, ha ricordato uno dei tanti episodi. Uno dei «classici» era allestire l'aula in attesa dell'arrivo del professore più antipatico, come fosse uno stabilimento balneare. Qualcuno usava i banchi come fossero un calcio balilla, qualcun altro fingeva di vendere il cocco fresco, un altro ancora, mettendo la sedia sopra il banco, si fingeva impegnato a scrutare le onde. Altri, più semplicemente, immaginavano di prendere il sole o di giocare con i racchettoni. Per il professore che entrava non era un bel vedere. Una volta il più geniale e irriverente di noi, uno alto alto e pelato, un casinista da Nobel, aspettò l'arrivo dell'insegnante e poi esplose inopinatamente serio e minaccioso: «Ragazzi, ora smettetela, non è possibile continuare così». Il professore lo guardò come un naufrago la zattera, felice che finalmente qualcuno rompesse l'unanimità e si schierasse dalla sua parte, ma il casinista non gli diede tempo e aggiunse: «Allora, smettetela... sennò chiamo il bagnino». Ci fu un'ovazione interminabile. So che non posso indicare questo come modello didattico, ma in quegli anni ci siamo divertiti come pazzi.

Era una scuola più facile rispetto al liceo?

No. Ma sì, forse dal punto di vista della difficoltà assoluta, sì, però non era una scuola facile. Andai molto bene in quella scuola, mi riprese un grande entusiasmo per lo studio. Mi rimotivai, mi ricaricai. Ripeto, forse soprattutto perché imparai l'arte della modestia, così. Improvvisamente scoprii che c'erano altre cose, altri valori, altre vite, altri problemi... Lì andavi a scuola e sotto la scuola c'erano le baracche, perché allora c'erano le baracche vere a Roma.

Per tornare alla politica, al momento delle sue prime scelte lei pensava già di fare carriera?

No, assolutamente. Era l'ultima cosa che avevo in testa. Tenga conto che allora stare in Fgci era difficile. Parliamo di anni in cui la Fgci era bersagliata, minoritaria, chi era in Fgci era in qualche modo fuori dal giro, no? Allora andava di moda l'estremismo, Lotta Continua, Potere Operaio, Il Manifesto. Il Pci era una cosa per grandi, non era una cosa per ragazzi. Anche quella è stata una bella scuola, una scuola di educazione alla battaglia. Noi abbiamo combattuto battaglie dure per farci strada, per farci largo, persino per parlare. C'erano assemblee nelle quali non parlavano quelli della Fgci. Niente diritto di parola, perché eravamo revisionisti, riformisti, socialdemocratici, mi ricordo tutto il repertorio degli insulti nei confronti della Fgci e del Pci, perché erano quelli di Berlinguer per il quale allora andava di moda lo slogan «Be, be, be Berlinguer», come a indicarne l'appecoronamento alla borghesia. Quelli che davano questo giudizio sono poi gli stessi che oggi continuano a sbagliare. In questo sono immoti nel tempo. Ho per loro grande affetto, perché gli errori che facevano allora li rifanno adesso. Quindi era una bella scuola di vita politica, però non l'ho mai fatta pensando alla carriera. Non ho mai partecipato a un corso alle Frattocchie [paese nei pressi dei colli romani, sede della scuola quadri del Pci, *N.d.R.*], non sono mai stato in una scuola di partito, non sono mai andato all'estero nei paesi socialisti.

Nel segno di Berlinguer

Che effetto faceva il Partito comunista al ragazzino che lei era allora?

Un grande effetto di autorità. A me l'idea di poter dare del tu a Luigi Longo sembrava una cosa stranissima. Mi ricordo che ci chiamarono nel '71, fecero un incontro fra Longo e un gruppo di studenti, di ragazzi, e chiamarono anche me. Io andai. L'idea di dare del tu a quell'uomo così anziano, che aveva fatto la Resistenza, che aveva combattuto in Spagna, mi sembrava straordinaria. Era affascinante l'impatto con la storia. In particolare la Resistenza, ritrovare personaggi come Pajetta, Amendola, Terracini, Emilio Sereni, Ingrao, anche se sono uno dei pochi mai stati ingraiani.

E che cos'era all'epoca?

Sono sempre stato berlingueriano, sono sempre stato con Berlinguer. Per Berlinguer sono entrato nel Pci, l'ho detto mille volte. Non so se sarei dove sono adesso, se la mia vita sarebbe stata la stessa. Per questo ho un debito di riconoscenza nei confronti di Enrico Berlinguer. Se non ci fosse stato lui, se il Pci fosse stato ancora quello di Longo - che pure è l'uomo che pubblica il memoriale di Yalta e compie lo strappo sulla Cecoslovacchia - però quel partito lì, quel partito che non rompeva con le ideologie e il passato non credo che mi avrebbe avuto.

Scusi sa, se insisto. Abbiamo detto che più o meno siamo nel '70. Lei nel '70 aveva quindici anni. Ma ci spiega che cosa ci trovava di affascinante a quindici anni nel Berlinguer di allora? Dico allora, non oggi o anche qualche anno dopo...

Ho citato prima il discorso al XII congresso del Pci. Subito dopo c'è un'altra cosa importantissima ed è la conferenza di Mosca nel 1969, in cui Berlinguer le va a cantare ai sovietici, in cui non vota il documento finale, difende l'autonomia italiana. Tutte cose che adesso sembrano poco ma allora erano clamorose, meritavano titoli di giornali. A me, un po' romanticamente - l'idea di quest'uomo impegnato nella sfida nei confronti di un colosso - e un po' politicamente - perché risolveva la mia contraddizione interna, cioè l'essere di sinistra e non amare l'Unione Sovietica - questa cosa, dicevo, mi affascinò moltissimo.

Devo dire che si fa fatica ad accettare l'idea che un quindicenne di sinistra di allora, invece di essere affascinato da Mao, Che

Guevara o le Pantere nere, resti affascinato da Berlinguer, che allora era essenzialmente un uomo di apparato.

Non so che dire. A me colpì molto la combinazione di queste due cose. Poi c'è un salto generazionale: Berlinguer era giovane in un mondo politico di vecchi. E comunque il Che è stato, per me, un grande eroe.

Lei ha parlato di salto generazionale: quanti anni aveva Berlinguer nel '70?

Quarantasei. Veniva dopo Longo. I suoi avversari erano Nenni, Moro, tutta gente di un'altra generazione. Ha contato anche questo.

Quando l'ha conosciuto personalmente?

Non ricordo con precisione. Forse la prima volta che l'ho visto da vicino fu nel 1971, 1972.

E la prima volta di cui si ricorda?

Una prima volta non me la ricordo. Mi ricordo tante volte. No, devo dire sinceramente che un primo ricordo non ce l'ho. Però ho tanti ricordi di tante occasioni. Mi ricordo l'ultima volta, questo sì, l'ultima volta che gli ho parlato: eravamo al secondo piano di via delle Botteghe Oscure. Allora lavoravo lì. Quella settimana ci doveva essere Roma-Liverpool, la famosa partita di finale di Coppa dei Campioni, quindi stiamo parlando del 1984, 25 maggio perché lui è morto l'11 giugno, e lui mi disse «Tu ci vai alla partita?». Mi è rimasta la sensazione che mi volesse dire di andarci insieme, perché lui sapeva che mi piaceva il calcio, che sono juventino. In realtà lo era anche lui ma non lo confessava.

Berlinguer era juventino?

Sì, sì juventino. Lo ha raccontato Gian Paolo Ormezzano in un libro recente che ho «casualmente» pubblicato come fogliettone sull'«Unità». Molti di noi avevano sempre immaginato che fosse dei nostri. Allora, per tornare a quella conversazione, mi chiese se volevo andare alla partita. Gli dissi «Guarda, non credo che ci andrò». Mi è sempre rimasta l'impressione che lui mi volesse dire «andiamo alla partita», perché negli ultimi tempi ci eravamo visti molto spesso. Avevo organizzato persino delle occasioni di incontro, delle cene con De Gregori, con Dalla, perché mi faceva piacere che lui entrasse in rapporto con queste persone. E più lo conoscevo e più mi piaceva. Mi piaceva proprio umanamente. Mi piaceva quell'intreccio di timidezza e di curiosità, che anche in queste occasioni, in queste cene che facevamo, lo portava a fare domande assolutamente semplici alle persone che aveva di fronte. Umanamente era una persona molto bella, Berlinguer. Quando morì per me fu un grandissimo dolore, davvero un grande dolore.

Torniamo per un po' all'inizio della sua carriera politica. Dopo Falomi, a metterle gli occhi addosso, se non sbaglio, fu Luigi Petroselli, il futuro sindaco della capitale, allora segretario del potentissimo Pci romano. Un duro dei duri, tanto che lo chiamavano, anche per la verve un po' burina, Joe Banana. Occhi pesanti i suoi, non è vero?

Be', era forte Petroselli. Petroselli era difficilissimo, perché aveva sì una sua umanità, però è vero che aveva fama di essere un duro terribile. Petroselli, quando ti mazzolava, ti lasciava a terra stordito. Facemmo amicizia sui banchi del Consiglio comunale, quando fui eletto consigliere nel 1976. Allora ero segretario della Fgci romana.

Un momento, come era passato dalla scuola al Consiglio comunale?

Allora vediamo: nel '71 divento responsabile di circoscrizione della Fgci; nel '73 finisco la scuola. Vengo chiamato da Gianni Bongioanni, un regista televisivo, a fargli da assistente alla regia. Il film si chiamava *Una pistola nel cassetto*. Comincio a fare questa esperienza convinto di aver trovato la mia strada. Avevo superato la maturità in condizioni eccezionali. Al quarto anno ottenni più della media dell'otto. Allora c'era una legge per la quale se tu avevi la media dell'otto potevi provare a fare gli esami di maturità subito dopo, cioè saltavi un anno: solo però se facevi l'esame in tutte le materie. Mi dissi: «Io ci provo». Feci l'esame in tutte le materie e presi sessanta, per cui ero al settimo cielo. Finita la scuola, vengo chiamato a fare questo film. Quel '73 per me è un anno cruciale: è l'anno in cui conosco Flavia, insomma c'è tutto in quell'anno lì. Mentre sto lavorando al film, mi telefonano dal partito dicendomi: «Vuoi fare il responsabile degli studenti della Fgci romana?». Passai una notte con un mal di testa bestiale a decidere la mia vita a diciotto anni. Improvvisamente avevo spalancate le porte dei miei due grandi amori: la politica e il cinema. Ne dovevo chiudere una e passai una notte d'inferno. La mattina dopo mi convinsi che c'era una ragione generale che mi spingeva a scegliere di fare politica. Allora dissi di sì e cominciai a fare il responsabile degli studenti della Fgci. Come ho detto, è il 1973. Sono gli anni in cui noi rompiamo l'egemonia dei gruppetti extraparlamentari sul movimento degli studenti; nascono i comitati unitari, che allora furono una cosa molto significativa. Crescono, diventano un soggetto politico importante. Poi nel '75 divento segretario della Fgci romana dopo Gianni Borgna, uno bravo. Poi, nel '76, vengo eletto consigliere comunale. E lì conosco un po' meglio Petroselli, che pure mi aveva in simpatia, aveva voluto che facessi il consigliere comunale; prima aveva accettato che facessi il segretario della Federazione giovanile romana.

Ed era un uomo difficile, abbiamo detto, no?

Caspita. Lui era uno tostissimo, le intemerate di Petroselli... Una volta si ruppe una mano, me lo ricordo ancora, per un cazzotto che diede sul tavolo. Fu durante una riunione, credo con la Federbraccianti. Era uno che non le mandava a dire. Ma anche uno che aveva dentro di sé due anime. Era un caso rarissimo. Un giorno, in Consiglio comunale mi disse: «Sai, ti voglio far leggere una cosa» e mi diede le sue poesie. Che Petroselli scrivesse poesie sembrava impossibile. Improvvisamente cominciai a vederlo sotto un'altra luce.

E infatti da segretario del Pci romano, la federazione che passava come una tra le meno aperte del partito, quando divenne sindaco visse, come il brutto anatroccolo, una grande trasformazione personale e politica, facendosi alla fine molto amare da una città che raramente si lascia andare al sentimento.

Sì. Oggi è Bassolino che assomiglia a questo modello. Guardi, però, che coloro che fanno lavoro di partito conoscono la politica e le persone. Per questo, se hanno onestà e competenza, possono essere uomini di Stato. Petroselli diventò un sindaco straordinario, credo il più grande sindaco che Roma abbia conosciuto in decenni. Ha fatto il sindaco per due anni - dal '79 all'81 quando morì - in maniera straordinaria, assolutamente strepitosa.

Torniamo al '76. Quand'è che lei diventa intimo dei personaggi più importanti del Pci di allora?

Forse mai. A parte Achille, sì. Io con Achille [Occhetto, *N.d.R.*] avevo un buon rapporto, che veniva dalla sua amicizia con mio fratello. C'eravamo incontrati, conosciuti. Quando ero segretario della Fgci, lo chiamavo spesso perché Achille era uno dei più bravi a fare comizi. Faceva dei comizi in cui tirava giù le montagne, sinceramente emozionanti. Mi ricorderò tutta la vita un comizio del '72, a Primavalle. Alla fine fece un tale numero che fu portato in trionfo sulle spalle. Era un grandissimo oratore e quindi, ogni volta che potevo, lo chiamavo, perché sapevo che con lui si faceva bella figura. Così ci siamo conosciuti, abbiamo imparato a conoscerci. La sua era una personalità molto forte. Nel '78 gli proposi di fare un'intervista su *Dieci anni dal '68* e per questa via stabilimmo un rapporto più stretto, di stima.

Quando entrò nel partito vero e proprio?

A Roma nel 1977. Ho speso alla federazione di Roma tutti gli anni più duri del terrorismo, fino al 1981, anno nel quale passai a Botteghe Oscure a fare il viceresponsabile della propaganda. Furono anni terribili, gli anni del terrorismo. Mi ricordo di aver preparato decine di manifesti con su scritto «Si esprime il cordoglio per la scomparsa di...».

Tivù come libera scelta

Nella sua, chiamiamola così, alterità rispetto alla normalità comunista c'è anche il suo amore sviscerato per i mass media. Com'era davvero il rapporto del partito di allora con questi problemi?

Era la cosa che più mi faceva dannare: una sequenza di errori clamorosi, dall'opposizione alla tivù a colori, alla difesa cieca del monopolio televisivo di Stato. La cosa che più mi faceva impazzire, e per la quale ebbi il primo scontro vero, era l'abitudine che avevano a Botteghe Oscure di dare importanza solo a quanti minuti avevano dato al Pci i telegiornali, cosa di cui a me non importava assolutamente nulla. Quello che cercavo di spiegare, piano piano, cioè capendolo anch'io poco a poco, era che il problema non erano i minuti al telegiornale, ma capire la televisione. Dominava ancora la vecchia idea marcusiana: la televisione come puro strumento di persuasione diabolica delle coscienze, per cui se tu stai un minuto in più al telegiornale andrai meglio alle elezioni. E questo ha impedito per molti anni di definire una politica per la comunicazione.

Vedo che se la prende con Marcuse. Allora, ha ragione Berlusconi quando impreca contro la Scuola di Francoforte?

Per una parte è colpa della Scuola di Francoforte, per un'altra parte è anche colpa del fatto che, obiettivamente, la sinistra era stata discriminata dalla televisione. La prima volta che Togliatti mette la faccia in televisione è il 1963. Sono passati dieci anni dall'inizio della televisione e quindi qualche ragione per protestare contro la discriminazione c'era. Però il problema vero era che questo stato di fatto impediva l'elaborazione di una politica, cioè che ci si occupasse delle leggi, delle idee, dell'assetto del sistema. Non c'era mai stata una elaborazione in questo senso. Mai una politica per la televisione.

È una bella contraddizione per un partito di massa non capire la struttura del maggior mezzo di comunicazione di massa.

Certo. Ma, allora, nella società italiana c'erano altri grandi veicoli di persuasione: le sezioni e le parrocchie. Erano state, ancora fino alla metà degli anni Sessanta, uno strumento molto forte di diffusione delle opinioni, di costruzione del consenso.

Le parrocchie, le sezioni, le caserme dei carabinieri... Resta il fatto però che la tivù aveva già unificato l'Italia.

Certo, certo. La tivù aveva unificato il linguaggio. Quello che è più paradossale è che le culture che meglio capiscono questo meccanismo sono proprio le culture di sinistra. Chi sa guardare agli apparati di comunicazione sono persone come Umberto Eco, Furio Colombo e Giovanni Cesareo... c'è una messe di materiale che meritava solo di essere utilizzata, di essere interpretata, di essere compresa dalla politica. Quello è uno dei grandi buchi neri della politica del Pci di quegli anni: il partito non aveva mai avuto una politica per le comunicazioni. Il tentativo fu allora quello di dire: adesso smettiamo di occuparci di minuti e cerchiamo di definire delle proposte. Sa, c'erano persino dei bollettini interni che mi facevano disperare, e che dicevano: «Il Pci ha avuto 1 minuto e 30 secondi; la Dc 3 minuti» e così via. Insomma, cominciammo piano piano a lavorare in questo senso.

Com'era Berlinguer in televisione?

Bravissimo. Straordinario. Berlinguer è stato il primo leader dell'era televisiva. Intanto aveva una faccia sincera e aveva un modo di ascoltare gli altri... Ricordo sempre che Berlinguer teneva la testa appoggiata sulle due dita e il pollice. Poi era capace di risposte assolutamente fulminanti, parlava in un modo, per quel tempo, assolutamente diverso. Pensi a una conferenza stampa di Moro. O di Malagodi. Lui invece dava delle risposte chiare. Comprensibili a tutti.

Spesso ne dava anche di dure. Al giornalista del «Secolo d'Italia» lui rispondeva: «Noi con voi abbiamo chiuso il 25 aprile del '45». Non è che stava tanto a discutere. Aveva dentro una specie di luce interiore.

In realtà lui si preparava molto prima di andare in tivù, non è vero?

E questa è l'altra caratteristica. Certo non era uomo da politica-spettacolo, anzi credo che la politica-spettacolo gli facesse orrore, però era un professionista. Lui faceva quello che nessuno aveva fatto prima, cioè faceva il training. Con Tatò [Tonino Tatò, capo ufficio stampa del Pci con Berlinguer, *N.d.R.*] si metteva nella sua stanza; Tatò gli faceva le domande; lui rispondeva; si preparava schede, controschede, battute, affermazioni. Lui ha usato la televisione per mandare i messaggi politici più importanti. Quando parlò dell'esaurimento della spinta propulsiva della Rivoluzione d'ottobre, lo disse in televisione, non alla direzione del partito, perché sapeva che se fosse andato prima in direzione, quella frase non gliela avrebbero mai fatta passare. Berlinguer ha usato sapientemente la televisione. Una delle cose sue più belle è l'intervista a *Mixer*, quella nella quale gli chiedono che giudizio dà di Craxi. E lui: «Un giocatore di poker». Basta, non c'era altro da dire. Un'altra sua dichiarazione bellissima è quando alla domanda «Qual è il maggior rimprovero che ha da fare a chi la critica?», rispose: «Quando dicono che sono triste». La cosa che lo faceva impazzire era di essere rappresentato come una persona triste. Perché lui in realtà non era affatto una persona triste, era una persona timida. Aveva una sua bella timidezza, che è sempre una buona cosa. Diffidare di quelli che timidi non sono.

A proposito di diffidenza. Lei ha parlato in maniera entusiastica di Mike Bongiorno, da antesignano, quando la cosa era davvero controcorrente. Oggi Bongiorno non perde occasione di ricambiarla, lo ha fatto anche nel pieno della campagna referendaria, tra un prosciutto e una sponsorizzazione. La cosa non la imbarazza un po'?

Be', intanto c'era stato Umberto Eco che per primo aveva scritto nel *Diario minimo* la «Fenomenologia di Mike Bongiorno».

Ma in quel saggio famoso, Eco, dietro la fredda analisi semiologica, lo giudica, si diverte, è micidiale. E infatti Mike si è sentito maltrattato e glielo ha rinfacciato anche di recente, dichiarando che Eco «forse si vergognava di aver scritto lui molti dei primi testi dei miei quiz». Per lei, invece, sempre e solo zuccherini.

Ma guardi, Mike Bongiorno è stato uno degli agenti unificatori di questo paese, non c'è dubbio. Sapeva fare televisione. Io non l'ho mai considerato uno dei più grandi pensatori del Novecento, se è questo che mi si vuole far dire, però tra tanti era un professionista, era uno che quel mestiere lì, il mestiere del quiz, lo sapeva fare alla grande, ne ha inventati di straordinari. *Rischiatutto* era una trasmissione geniale. Mike Bongiorno ha per me sempre avuto simpatia, penso soprattutto per gratitudine nei confronti di mio padre. Quando arrivò dall'America, lui lo fece rimanere in Italia per fare una trasmissione che si chiamava *Arrivi e partenze*. Credo che gli fosse molto grato per averlo in qualche misura scoperto, e che quindi abbia trasferito questa sua simpatia su di me. Ho avuto modo di parlare di lui nel libro sulla televisione *I programmi che hanno cambiato l'Italia* e ne ho scritto bene in quanto, appunto, agente unificatore del paese. Ciò detto, la sua televisione non è quella che a me piace.

Si può spiegare meglio?

Sì... è una televisione molto rassicurante, impermeabile ai tempi. In fondo se prendi quarant'anni di Mike Bongiorno...

...è sempre uguale.

È sempre uguale.

Però quella è la sua forza.

Può darsi, però dal mio punto di vista è anche la sua debolezza, nel senso che appunto è una specie di contenitore asettico. Nulla di quello che accade fuori lo attraversa, non c'è nulla che permei le pareti degli studi di Mike Bongiorno.

Per restare ai quiz, nel bel film di Robert Redford, Quiz show, *si racconta di quando, negli anni Cinquanta, gli americani sco-*

prirono che il capostipite di tutti i giochi a premi, l'equivalente negli Usa di Lascia o raddoppia?, *era truccato. Allora, dice Redford, l'America perse la propria innocenza. Quando è che a suo parere l'Italia televisiva ha perso la propria innocenza?*

Forse con i telegiornali del doporiforma. Forse con il Tg2 di Andrea Barbato, con il Tg1 di Emilio Rossi, con il *Processo per stupro*, con quella televisione lì. Sicuramente ci sono stati di mezzo settimanali d'informazione come *TV7* e tante altre cose ma forse l'atto di rottura sono quei telegiornali che cominciano a raccontare la realtà italiana non come una realtà ufficiale. Penso che sia quello lì, il momento. Tanto è vero che tutto fu cancellato con l'arrivo del pentapartito nel 1980. Fu tutto buttato dalla finestra perché faceva paura.

Senta, Veltroni, per restare alla televisione, fra sponsorizzazioni e telepromozioni, lei pensa che finiremo come in Ginger e Fred *di Fellini, tra prosciutti e mortadelle giganti?*

Ho una preoccupazione peggiore: quando vedo che c'è un signore che si infila dentro a una cassa piena di rettili o un altro che si punta la pistola alla tempia per fare la roulette russa, penso che il problema non siano gli spot, ma la televisione stessa, che sta diventando quell'universo orrendo del quale parlava Fellini nel suo film.

Be', certo lui è stato preveggente. Ciò non toglie che di quell'«universo orrendo», aveva reso protagonista, da par suo, proprio un tipo di pubblicità che assomiglia in maniera preoccupante alle attuali promozioni. Non c'è proprio più difesa?

Il problema è che la televisione via etere rischia di trasformarsi in un'altra cosa. Oggi che cos'è la televisione via etere? Una specie di vita virtuale. La televisione via etere è vendita... Tu accendi la televisione e ti può capitare di trovare quello che ti vende trentasei piatti per cinquemila lire; il numero di telefono al quale ti puoi rivolgere per scambiare mariti, mogli, elefanti; quello che ti fa le carte; quello che ti vende un miracoloso unguento per l'impotenza. È diventata una specie di baraccone da circo del 1910. «Venite, venite nel magico mondo della televisione dove tutto è possibile: dimagrire in sette giorni e recuperare la virilità perduta.» Non è questo il mestiere della televisione. La televisione non è fatta per questo; la televisione è forse la più grande scoperta tecnologica di questo secolo. La televisione è magia, la televisione annulla il tempo e lo spazio: sto a casa mia e sto a Sarajevo. Ma è possibile che questa grande magia venga usata per vendere i piatti o gli unguenti?

Già, lei dice bene. Ma scusi, una delle invenzioni televisive italiane dell'ultimo decennio non è forse stata la cosiddetta «variabile Publitalia», ovvero il modo in cui si comportavano i pubblicitari delle tivù Fininvest? Questi non vendevano passivamente spazi pubblicitari ma intervenivano direttamente sul prodotto verificando le curve di vendita, aggiustando i messaggi, intensificando i passaggi... una rivoluzione.

Questa è stata la genialità di Berlusconi. La genialità di cambiare... Guardi. Ho l'idea, non da oggi, che ci siano tre fasi della storia della televisione: la prima fase è quella della grande televisione, anzi del grande televisore: gli Allocchio Bacchini, i Radiomarelli, quando bisognava alzarsi per girare quelle manopole che pesavano un accidente. Allora la televisione era un canale, era la Rai che ti dava il giusto equilibrio tra informazione, educazione e spettacolo; cercava di farti diventare un italiano migliore, da *Non è mai troppo tardi* a *Una risposta per voi* di Alessandro Cutolo a tante altre cose. Poi c'è stato un salto tecnologico, cioè sono arrivati il telecomando e la televisione a colori ed è cambiato tutto. La televisione è diventata consumo e pubblicità. Lo spettatore non è stato più spettatore ma è stato consumatore; è stato acquirente; la televisione è divenuta mediazione nei confronti del mercato; si sono fatte strategie di palinsesto, eccetera. Questa è la seconda fase che, secondo me, è alla conclusione. La terza fase è quella che stiamo per vivere, della nuova distribuzione. La televisione passerà per il cavo; la televisione non avrà più palinsesti predeterminati; la televisione sarà libera scelta del cittadino e lo spettatore riacquisterà potere.

Lei insegna alle sue figlie a usare la tivù?

Sì, sì. Provo a insegnare loro a usare anche il computer. Vorrei che fossero avvertite nei confronti di questi strumenti. La televisione, naturalmente, è anche uno strumento di educazione: provo a far distinguere loro le cose stupide, le cose volgari, da quelle che invece mi sembra aiutino la loro fantasia. Per me il principio è sempre quello della fantasia e mi fa piacere allora che gli piacciano tanto spontaneamente i cartoni di Walt Disney o di Hanna e Barbera perché i grandi cartoni animati americani sono degli straordinari veicoli di fantasia. Mi preoccupa quando vengono affascinate da Castagna. Ma per fortuna man mano che crescono si rendono conto da sole. Cerco di insegnare loro a difendersi dalla volgarità, a riconoscere la finzione dalla realtà, la vita vera da quella immaginaria. In fondo l'autunno della tivù commerciale propone proprio questa estrema disperata ricerca di successo: confondere realtà e fiction. Le coppie che litigano di Barbareschi sono vere o finte? È come il wrestling, che io non capisco: è uno sport ma fanno finta di picchiarsi. Vorrei che Martina e Vittoria riconoscessero i confini, nulla di più. E vorrei che usassero la tivù per aiutare la fantasia. Non per spegnerla.

Ma questa è ancora teoria. Concretamente che cosa dice, che cosa fa?

Concretamente, prenda *Stranamore*. Io dico: «Guarda questi due, perché devono usare la televisione per reincontrarsi? Se si erano lasciati vuol dire che c'era qualcosa che non funzionava»; dico che molte di quelle cose sono false. Ogni tanto le mie figlie ci rimangono male, si sentono ingannate. Io cerco di far capire loro che è un grande gioco. Che la vita non è quella lì. Che quello è un gioco sulla vita, non è la vita.

Per tornare a Umberto Eco, secondo lei, sulla tivù, la sinistra è rimasta apocalittica?

No, no, la sinistra è stata, così, un po' apocalittica e un po' integrata. Prendiamo gli estremi: c'è quel bellissimo film di Nanni Moretti, *Caro diario*, nel quale si cita, distruggendola, una certa sinistra che considera *Henry pioggia di sangue* il più grande film della storia del cinema. La sinistra ha avuto per reazione all'atteggiamento apocalittico un atteggiamento zuzzurellone nei confronti della televisione, per cui film come *La liceale seduce i professori* venivano considerati dei capolavori, così, tanto per *épater le bourgeois*, per fare colpo. Abbiamo avuto tutta una letteratura in questo senso: si è sostenuto che l'orrendo era il meraviglioso. Una cosa un po' intellettualistica, un po' fanciullesca. Ma è stata una reazione al catastrofismo, è stata una reazione all'idea che la cultura alta fosse la sola da difendere. Credo che oggi la cultura della sinistra possa essere quello che deve essere, cioè una cultura critica nei confronti dei media e preoccupata di «governare» l'evoluzione, non di impedirne lo sviluppo. Credo che il percorso intellettuale di Umberto Eco, di Furio Colombo, di Angelo Guglielmi sia il percorso più corretto. Se potessi dire quali libri consigliare a un ragazzo che vuole leggere criticamente la televisione e il giornalismo, consiglierei i loro.

Perciò, sempre a proposito del giudizio sui mass media, lei si riconoscerebbe nella definizione di integrato di sinistra?

No, anzi, sono molto critico e la televisione che c'è non mi piace, mi sembra un cavallo imbrigliato; mi sembra che oggi sia un'occasione perduta, un aereo in mano a gente spericolata. No, non sono integrato. Anzi, sono convinto che noi siamo in una fase di cupo autunno della televisione. Ma ho grandi speranze che la tecnologia ci potrà dare immense possibilità, immense opportunità anche da questo punto di vista. Non ho mai assunto atteggiamenti catastrofisti. Però, per esempio, uno come me ha combattuto la battaglia contro Berlusconi perché ha avvertito, dal 1988, che Berlusconi, o meglio non Berlusconi in sé, ma una posizione di controllo dei media, era un pericolo per la democrazia italiana... Insomma, mentre dal punto di vista culturale e politico ho sempre cercato di muovermi sulla base di un atteggiamento aperto e critico, dal punto di vista dell'assetto del sistema mi ha molto preoccupato questa progressiva trasformazione dell'informazione italiana in un dominio esclusivo.

Senta, Veltroni, a quali condizioni la sinistra può dirsi moderna?

La condizione è guardare la sostanza della modernità e non la forma della modernità. La sostanza della modernità sono i mutamenti in atto. La forma della modernità è quella che abbiamo conosciuto negli anni Ottanta, quando si pensava che la modernità fosse la politica-spettacolo, andare in discoteca, stupidaggini. La vera modernità è il gigantesco mutamento di assetto strutturale di questa società, è l'innovazione tecnologica, è l'europeizzazione, la mondializzazione dell'economia; la grande modernità è questa. Quella con cui bisogna fare i conti; quella con cui la cultura della sinistra deve confrontarsi... Insomma, è un problema di sguardo: bisogna lanciare lo sguardo il più lontano possibile. La sinistra è più miope che presbite, vede vicino ma non vede lontano. O ha visto vicino e non ha visto lontano. E questo è stato uno dei suoi difetti principali. C'è stata proprio una difficoltà a proiettare gli occhi della politica nei mondi in espansione e in mutamento, fossero essi mondi economici o fossero essi proprio altri mondi, l'America, il Giappone o l'Europa dell'economia. Credo che questo sia il difetto principale che dobbiamo combattere. La modernità è la capacità di stare dentro all'innovazione con idee che corrispondano ai propri princìpi; quello sforzo titanico, quella grande fatica della politica che è adattare le proprie idee fondamentali, i propri valori fondamentali ai mutamenti tecnologici e scientifici in corso.

Due sogni appesi al muro

A proposito di valori, ecco arrivato il momento di parlare delle famose due foto appese al muro nel suo ufficio: Enrico Berlinguer e Robert Kennedy. Lei ha realizzato due libri-antologia su di loro. Può dire che cosa rappresentano per lei?

Il coraggio della politica. Da sempre è la cosa che più mi ha affascinato. Coraggio perché sono stati due politici che hanno sfidato il potere avversario, ma hanno sfidato anche il loro mondo. E queste due cose a me sono sempre piaciute molto. Kennedy è uno che ha sfidato il suo mondo, il suo mondo di origine, il suo mondo politico; e ha sfidato sicuramente i suoi avversari. Si è messo contro la Cia, la mafia, i produttori di armi e i razzisti del Sud. Alla fine lo hanno ammazzato. Penso che molti siano stati contenti della morte di Robert Kennedy, perché se Robert Kennedy fosse diventato presidente degli Stati Uniti la storia del mondo sarebbe cambiata. Le caratteristiche che uniscono Kennedy e Berlinguer sono il coraggio, la capacità di anticipazione, cioè il vedere le cose prima degli altri. Nel caso di Berlinguer, dalla questione morale all'austerità, lui ha visto prima degli altri. Lo stesso vale per Kennedy. Kennedy parla di ambientalismo e di equità sociale in tempi non sospetti. Max Weber ha scritto che tre qualità sono assolutamente necessarie in un buon uomo politico «passione, senso di responsabilità, lungimiranza». Robert Kennedy ed Enrico Berlinguer erano degli ottimi uomini politici.

Scusi sa, ma questa sua ricostruzione sembra un tantino oleografica. Prendiamo il caso di Robert Kennedy. Sicuramente è il personaggio che lei descrive nel libro: strenuo difensore della legge e dei diritti civili; buono, visionario, di sinistra, nemico numero uno della mafia. Sta di fatto però che era anche altro: c'era la sua guerra personale per il potere con il capo dell'Fbi Edgar J. Hoover; c'era che lui e il fratello presidente si passavano come un oggetto la povera Marilyn Monroe; c'era il peccato originale di famiglia dei rapporti elettorali con la mafia... insomma ci sono contraddizioni che per certi versi rendono il mito Kennedy più umano. Mentre con lei sembra di leggere un santino...

Guardi, gli aspetti privati li rimuovo perché, se costituiscono storicamente dei fatti interessanti, non lo sono, invece, politicamente. Per quanto riguarda il sistema di relazioni, semmai forse John Kennedy si affidava ad altri per le cose più spinose, non a Robert... E però Robert Kennedy è quello che rompe con Edgar Hoover; quello che assume su di sé il compito delle trattative per evitare la guerra dopo la crisi di Cuba; quello che si prende sulle spalle la lotta senza quartiere contro Jimmy Hoffa e contro il sindacato mafioso dei camionisti. Insomma, ci sono contraddizioni, ambiguità sicuramente, ma se uno mette insieme il complesso dell'esperienza di Robert Kennedy c'è semmai una grande radicalità in lui, e a me questa è una cosa che piace molto. Parlo di una radicalità di valori. Quando poi questi valori vengono declinati, come nel caso dei Kennedy, con soluzioni possibili, allora si crea la ricetta dei governi migliori e della bella politica.

Ma perché lei sceglie Bob e non John?

Perché Bob aveva un'intensità e una radicalità maggiori.

Anche questo è curioso perché il vero oggetto del mito giovanile era John.

Sì, era John Kennedy. Invece per me è stato Bob perché, ripeto, aveva un'intensità maggiore. Quando ho ripubblicato i suoi discorsi e i suoi scritti sono rimasto affascinato dalla scrittura, dal modo in cui quelle parole erano messe in sequenza e dalla tensione ideale di Robert Kennedy. Le persone che lo hanno conosciuto e con le quali ho parlato mi hanno raccontato tutte di una persona molto timida, molto introversa, con un grandissimo carattere. Con una specie di fuoco dentro, con un grande coraggio. Perché per fare le cose che fece Robert Kennedy di coraggio ce ne voleva molto. Insomma, andare, unico bianco, in un quartiere nero il giorno in cui viene ammazzato Martin Luther King, è un atto di grande coraggio fisico e politico. Come mandare la polizia di Stato contro un governatore razzista del proprio partito; oppure schierarsi dalla parte degli studenti nel '68; o ancora stare dalla parte della contestazione alla guerra del Vietnam condotta dal presidente democratico Lyndon Johnson. Sono tutte cose che qualificano il coraggio di un uomo politico e per me questa è una dote fondamentale. Bisogna avere il coraggio di dire le cose scomode prima del tempo. Guardi, mi fa impressione una cosa: quando ho cominciato a parlare di Kennedy in Italia ho dovuto incassare battutine stupide. Adesso non c'è praticamente uomo politico che non citi John o Bob Kennedy. Questo deve far pensare, perché probabilmente si attinge a un'esperienza politica e di governo che è stata tra le più importanti della storia di questi cinquant'anni di pace. Se dovessi citare come modello altre esperienze di governo di questo periodo, penserei a quella di Olof Palme in Svezia, a Willy Brandt nella Germania Ovest, e poco altro. Per esempio il socialismo mediterraneo, Felipe Gonzalez, per capirci, non mi ha mai affascinato.

Proprio nessun altro in Europa?

Mi interessa molto il tentativo di Tony Blair in Gran Bretagna. Non mi piacevano i laburisti, quando correvano appresso a Scargill e ai minatori. Correvano appresso al rosso fuoco e hanno perso tutte le elezioni possibili. Quanto ai socialdemocratici tedeschi, sono impegnati in una grande revisione teorico-politica che mi sembra molto coraggiosa e interessante, carica di buoni segnali.

Torniamo a Berlinguer. Secondo lei qual è stato il suo maggior limite?

Berlinguer non è riuscito a fare il passaggio successivo, la piena fuoriuscita dalla tradizione comunista. Ciascuno, badi, va collocato nel suo tempo. Quando abbiamo fatto il Pds, c'è stata la tentazione da parte di tanti di utilizzare Berlinguer da una parte e dall'altra, di dire «Berlinguer avrebbe fatto», «Berlinguer mi ha detto», Berlinguer questo, Berlinguer quell'altro. Io questo modo di agire l'ho sempre rifiutato. Berlinguer è morto nel 1984, è morto senza aver probabilmente compiuto tutto il suo cammino. Non so neanche dire se avrebbe fatto quello che poi abbiamo fatto noi, o no. So per certo però quello che, storicamente, sarebbe stato naturale che egli facesse dopo quanto aveva compiuto: la rottura tra il partito che aveva già cambiato, e che non per caso si è trasformato nel Pds, e la tradizione del comunismo italiano. Insomma, Berlinguer ebbe ragione sulla questione morale; azzeccò il giudizio su Craxi; ebbe ragione sull'austerità e sulla rivoluzione femminile. È il primo uomo politico che capisce che cosa è la rivoluzione delle donne. Berlinguer vide giusto rompendo con l'Unione Sovietica, anche se probabilmente gente come me avrebbe sperato che facesse altri passi avanti più rapidamente. Vide giusto dicendo che si stava meglio sotto l'ombrello della Nato piuttosto che sotto l'ombrello del Patto di Varsavia.

Ma avrebbe mai abbandonato la forma del Partito comunista?

Questo, ripeto, credo sarebbe scorretto, sarebbe ingiusto dirlo. Non so dire come un uomo come Berlinguer avrebbe reagito alla caduta del muro di Berlino; come avrebbe reagito alla scoperta dei crimini della Securitate di Ceausescu; come avrebbe reagito a tutto quello che è accaduto durante il golpe russo. No, francamente non sono in grado di dirlo. Berlinguer era un uomo, certo, fortemente segnato dalla sua storia e dalla storia della sua appartenenza. Però era anche un uomo che non aveva esitato a compiere rotture clamorose, per cui non so dire cosa avrebbe fatto. Fra i tanti dispiaceri, rimane il dispiacere di non averlo potuto sapere. Quando un uomo politico muore, di solito non è che il paese si addolori più di tanto, è difficile. La morte di Berlinguer, invece, fu un grande evento collettivo, e non solo da parte di quelli che lo avevano amato, no, fu un evento che impegnò la coscienza di tantissime persone. Quando ho scritto il libro su Berlinguer, mi è arrivata la lettera di uno di destra che diceva: «Io avevo opinioni radicalmente diverse da quelle di Berlinguer, ma lo rispettavo perché era uno del quale ci si poteva fidare». In quel verbo c'è in fondo la ragione della misura del dolore che aveva attraversato il paese in quei momenti. Per un uomo politico, che era così marcatamente uomo di partito, che era il capo del Partito comunista, fu sicuramente una cosa enorme. Ricordo un episodio: stavamo al secondo piano di Botteghe Oscure, a un certo punto arrivò la notizia che sarebbe venuto Almirante a rendere omaggio a Berlinguer. Noi ci chiedemmo cosa dovevamo fare. Sa, allora non era mica come oggi. C'era giù una fila, una processione di compagni e persone in attesa. A un certo punto Pajetta disse: «Vado io a riceverlo», e la discussione si interruppe lì, perché avendo fatto Pajetta diciotto anni di carcere sotto il fascismo, nessuno di noi poteva dire che forse non era opportuno. Andò Pajetta, lo ricevette e fece bene. Era anche quella la dimostrazione della grandezza di Berlinguer: persino i suoi avversari politici più duri erano costretti a riconoscere in lui un simbolo dell'Italia migliore. E Berlinguer è stato questo: un simbolo dell'Italia migliore. Con tutti i suoi errori, come l'errore dell'80 alla Fiat.

In effetti, verso la fine, si ricordano soprattutto sue scelte di chiusura piuttosto che di apertura.

Sì, però rileggendo la storia di quegli anni, possiamo pensare che Berlinguer avesse meno torto di quanto si credeva allora. Non dico tanto sulla questione della vertenza Fiat dell'80, sulla quale probabilmente sbagliava, quanto piuttosto sul giudizio su chi ha governato negli anni Ottanta: il CAF di Craxi, Andreotti e Forlani.

Invece, che cosa resta del kennedismo oggi?

È un fatto che in molti, in Italia o in America, torniamo con la memoria a John Kennedy, abbiamo rimpianto di Kennedy, cerchiamo Kennedy. Perché Tony Blair viene definito il Kennedy inglese, perché Clinton è stato definito il nuovo Kennedy? Proprio perché si cerca quel modello lì, il modello di una società in movimento. La grandezza del kennedismo è consistita nel mettere benzina nella società americana, metterla in movimento, far vivere a quel paese una stagione di grande effervescenza. Con contraddizioni, ma è la tensione di un corpo sano che sta cominciando a muoversi.

Ma la situazione è forse più complessa, più problematico è anche il giudizio storico. Ad esempio, la recente autobiografia di Robert McNamara rivela quanto il giudizio reale sul Vietnam fosse controverso già allora all'interno dei successivi governi. E che il governo allora mentì sul reale pericolo comunista.

Però McNamara dice che Kennedy voleva tirarsi fuori dal Vietnam. Kennedy, in realtà, si è trovato a governare una situazione difficile. Appena arrivato, trovò già preparati i piani per l'invasione di Cuba, che si risolse nel disastro della Baia dei porci. Insediato alla Casa Bianca, aveva già trovato pronti i dossier preparatori della guerra del Vietnam. Quando Kennedy muore, a Saigon ci sono, mi pare, alcune migliaia di osservatori militari. Non era un impegno tanto diretto. L'escalation militare riguarda Lyndon Johnson e avviene molti anni dopo. Insomma, Kennedy aveva deciso di portar fuori l'America dalla guerra del Vietnam. Chissà che non sia questa una delle ragioni per le quali è stato ammazzato.

Anche lei è per la teoria del complotto alla Oliver Stone? Ma guardi che in America ormai tutti, dico proprio tutti i media, dai giornali e le tivù più importanti giù giù fino ai più insignificanti, hanno stabilito che complotto non ci fu.

Guardi, da questo punto di vista, io alle dietrologie ci credo. Quasi tutto quello che è dietrologia, ormai, penso che sia vero. Soprattutto in casi come questi, come la morte di Kennedy. O come per la morte del premier socialdemocratico svedese Olof Palme. O come, per venire più vicino a noi, per Moro. Quasi sempre, quando il corso della storia viene cambiato da un atto di violenza terroristica, c'è dietro una mente politica eccelsa.

E lei per quale teoria propende, nel caso Kennedy? Anche lei si rifà, come Stone, alla controinchiesta del procuratore distrettuale di New Orleans Jim Garrison?

Sì, ha una sua fondatezza.

È strana però la resistenza dei giornali americani, non trova? Lo sa qual è la loro obiezione definitiva? Ma vi pare – dicono – che in una democrazia tanto libera (e tanto rissosa), dove nessun segreto politico regge per più di un'ora, un complotto di tale portata possa essere mantenuto segreto per tanto tempo?

Be', non è strano. C'è una cosa che tutti sanno non esser vera: che Oswald abbia ucciso lui Kennedy, col suo fuciletto, dal deposito di libri della Texas School di Dallas. Basta osservare il famoso film del cineamatore Zapruder girato sul luogo del delitto, per vedere che la testa di Kennedy si muove in due direzioni diverse. Quindi devono aver sparato almeno in due. Se è evidente che gli ha sparato qualcun altro eccoci di fronte non a un pazzo ma a un complotto, e se siamo di fronte a un complotto qualcuno dietro c'è. E chi c'è dietro? Ci sono i nemici del kennedismo. E il principale nemico del kennedismo era la destra.

È curioso, però, che perfino un sostenitore della tesi del complotto come Norman Mailer, che scrisse per il «New Yorker» un'appassionata requisitoria sul delitto e sul segreto di Stato, sia giunto di recente, in un'opera monumentale, alla conclusione che l'unico responsabile, trent'anni dopo, sembra sempre e solo Oswald.

Mi rendo conto che per una cultura come quella americana, che è una cultura che ha fortissimo il senso della democrazia, dello Stato e dell'identità nazionale, accettare che da dentro lo Stato possa essere partito un complotto che ha ammazzato il presidente, non sia una cosa facile. C'è una remora di ordine psicologico.

E poi c'è Clinton che ha ordinato di aprire tutti gli archivi a cominciare da quelli della Cia. Come la mettiamo?

Ma negli archivi non ci sono mai queste cose. E comunque ci sono centinaia di libri, fatti, documenti che smentiscono la versione ufficiale. Quello che noi oggi sappiamo è che il rapporto Warren è più o meno carta straccia. Quello che noi oggi sappiamo storicamente, politicamente è che John Kennedy è stato ammazzato da un complotto e non è stato ammazzato da Oswald. Semmai c'è da chiedersi come mai una cultura del tipo di quella che lei descrive, abbia impegnato tante energie proprio a cercare questa verità che non è mai stata trovata. Questo per quanto riguarda il mistero. È invece evidente, per tornare al giudizio storico, il valore di quei trentasei mesi che cambiano l'America. Aggiungo: se Bob Kennedy fosse diventato presidente degli Stati Uniti, il corso della storia del mondo sarebbe cambiato. Perché ad esempio la guerra del Vietnam sarebbe finita prima. Con Nixon si ebbe una forte escalation e la pace giunse solo nel 1975. Anche per l'Europa, molto sarebbe cambiato. Non dimentichiamo che sotto John Kennedy, come ha raccontato tante volte Arthur Schlesinger Jr., in Italia cominciò il centrosinistra. Con l'amministrazione Nixon, in Italia avviene Piazza Fontana. Non che voglia in alcun modo stabilire un rapporto diretto tra questi due fatti, è certo però che l'atteggiamento americano nei confronti della sinistra italiana cambia radicalmente dall'amministrazione Kennedy alle amministrazioni successive.

Comunicare è politica

Passiamo a un altro argomento. Si dice che lei sia un buon comunicatore: che differenza c'è, allora, tra lei e il Berlusconi comunicatore?

Spero molta. Credo che siano due diverse temperature di comunicazione. La sua è molto spettacolare, molto costruita. Parole e cerone si assomigliano. È una comunicazione costantemente gridata, una condizione di surmenage comunicativo.

E lei?

Io spero di comunicare un'impressione diversa... Mi piacerebbe trasmettere insieme serietà programmatica e una specie di luce interiore. Berlusconi, poi, dà anche l'idea della divisione; a me piacerebbe dare l'idea dell'unità, ma proprio dal punto di vista comunicativo. Lui sembra uno che rompe, io vorrei dare l'idea di uno che costruisce. Aggiungo: lui racconta delle balle, io no.

Be', su questo bisognerebbe concedergli il diritto di replica, naturalmente.

Sì, però quella del milione di posti di lavoro era una balla. La replica purtroppo ce l'ha data la realtà.

Senta, Aldo Grasso, del «Corriere della Sera», che di comunicazione è un esperto, dice che un suo pregio è il rapporto giocoso e sentimentale con la comunicazione, ovvero l'assenza di cinismo. Ma dice anche che lei corre dei rischi, che fa troppe cose e che, a forza di piacere a tutti, rischia di diventare innocuo. Che cosa gli risponde?

Il rapporto giocoso con la comunicazione è vero: c'è un elemento di gioco, di divertimento in quello che faccio. Sì, mi diverto a fare molte cose, ma questa è una scelta di vita. Una scelta seria, meditata. Io non voglio affidare la mia esistenza solo alla politica. Non per egoismo, ma per rispetto della politica. Alcuni, coloro che fanno questo mestiere e non sanno cos'altro fare nella vita, finiscono con il caricare la politica di un eccesso di significati e di attese. Io, invece, ho bisogno di equilibri. Ho bisogno di sapere che il giorno che dovessi smettere di fare politica posso essere utile al mio paese per altre vie, scrivendo o facendo altro. Chi si dedica solo alla politica, chi vive di sola politica, chi delega tutta la sua vita e tutte le sue aspettative solo alla politica, finisce poi per non essere più in grado di lasciare posizioni di potere o di responsabilità. Si finisce con l'attaccarsi al potere, e di questo ho gran paura. Voglio essere sicuro che il giorno in cui le cose dovessero cambiare o dovessi sentire dentro di me che qualcosa si rompe, non rimarrò abbarbicato alla politica; non costituirò un peso per il mio paese, per il mio schieramento o per le idee che rappresento. E troverò altrove le ragioni per sentirmi utile. In ultima analisi, come si diceva una volta, per essere una persona serena.

Però è legittimo pensare che lei faccia troppe cose contemporaneamente, e che quindi, qualcuna possa non farla bene, no? Scusi, lei dirige un quotidiano; si allena a fare il vicepremier; è deputato; è il numero due del suo partito; scrive libri, presenta quelli degli altri, rilascia tutti i giorni interviste a giornali e tivù, presenzia a ogni sorta di evento...

Ma fare più cose, come ho detto, è una scelta, faticosa ma meditata, un sacrificio. Nessuno mi impone di presentare i film per il «Venerdì» di «Repubblica», ma lo faccio per la mia testa e lo faccio per mantenere questo equilibrio, per riempire la mia esistenza di colori e dimensioni diverse. Quanto all'innocuo, no, credo proprio di no. Temo di non essere innocuo. Ho avuto modo di misurarlo molte volte in vita mia: il fuoco di sbarramento che si è alzato nel passato e anche recentemente contro di me è la testimonianza di tutt'altro.

Allora, lei non è poi così buono come dice di essere. E come dicono gli altri.

Per carattere sì. Per carattere sono uno che tende a mettere d'accordo la gente; tende a cercare la soluzione dei problemi, perché credo di essere – qui contano le prove della vita – credo di essere coraggioso, uno che quando ha incontrato ostacoli, li ha superati. Ci sono i buoni che si fermano davanti agli ostacoli e ci sono i buoni che cercano di superarli, cercando di convincere. Io cerco di convincere. Però alla fine se non riesco, non considero chi non è stato convinto un nemico. Credo anche di essere qualcuno che convive molto bene con le persone che gli sono state avversarie. Quando sono arrivato all'«Unità», mi sono trovato in condizioni molto difficili, c'era forte scontento, non per me, ma per la nomina di un direttore politico. Appena sono arrivato ho confermato nei loro posti di responsabilità tutti quelli che erano stati contro il mio arrivo e tre anni dopo credo di poter dire che abbiamo lavorato con un'armonia e con un'allegria che credo rimpiangerò nel momento in cui me ne andrò.

Per dirla alla Totò, «siamo uomini o boyscout?».

Siamo uomini e boyscout. Siamo un po' boyscout, nel senso che i boyscout si occupano degli altri e fanno del bene; uomini nel senso che bisogna avere carattere; avere coraggio; sapere difendere le proprie idee. A me questo è capitato soprattutto quando ho cercato di dire, sulla vita politica italiana, delle cose prima degli altri. Le faccio due esempi: uno è il caso Berlusconi; l'altro il centrosinistra. Quando ho usato per la prima volta l'espressione centrosinistra mi sono preso molte rampogne. Adesso, però, è l'espressione che tutti usano.

E su Berlusconi?

Su Berlusconi ci furono preoccupazioni che noi stessimo esagerando in quella battaglia e invece purtroppo...

Da dove venivano le resistenze?

Mah, non tanto da dentro al partito, quanto dall'esterno, da un certo mondo. Mi ricordo che persino «il Manifesto» si schierò contro la battaglia che facemmo contro le interruzioni dei film...

Be', visti poi i risultati dei referendum, forse avevano ragione loro...

Ma no, allora, quella battaglia ottenne dei risultati: i film erano devastati, prima. Poi si approvò, nella legge Mammì, una norma che ridusse gli spot. Era una vittoria, incompleta ma una vittoria. Il passaggio successivo doveva essere la ratifica da parte italiana della direttiva europea. Invece il referendum si è presentato con una radicalità estrema, era sbagliato nel merito.

Le domande di seconda fila

Le capita sovente di parlare di solidarietà. Che cosa significa per lei?

C'è l'impegno politico. Ma ci sono anche le scelte personali. Mia moglie e io abbiamo adottato a distanza due bambini brasiliani. Nella stanza delle mie figlie c'è la loro foto. Lo dico solo perché può essere utile in questa occasione, perché altre persone lo facciano. Noi da diversi anni mandiamo loro dei soldi; sono due bambini i cui genitori guadagnano l'equivalente di 40.000 lire nostre; con i soldi che mandiamo questi bambini sono vestiti, vanno a scuola e comprano i libri.

Dove vivono?

Vicino a Bahia. Si occupa di loro una comunità della Caritas di Parma, un prete che si chiama padre Paiusco. Noi riceviamo costantemente informazioni e foto dei bambini che crescono. È un'esperienza straordinaria. Naturalmente, nonostante abbiano organizzato incontri, non ci sono mai voluto andare. Vorrei che questi soldi arrivassero ai genitori senza che i bambini sapessero che c'è qualcuno lontano e, per loro, ricco che li aiuta. Non mi è mai venuto in mente di scrivere loro, di interferire nella sfera delle loro relazioni umane.

Lei cita spesso, tra i suoi punti di riferimento, due libri: Bambini nel tempo *dell'inglese Ian McEwan e* Il giovane Holden *di J. D. Salinger. Non è che è afflitto da sindrome di Peter Pan?*

Forse sì, ma non me ne lamento. Penso che ciascuno di noi porti dentro di sé un po' della sua infanzia, chi più, chi meno. Ci sono quelli che a sessant'anni fanno la collezione di soldatini o quelli che fanno i presidenti delle squadre di calcio. Tutte attività ludiche. Io cerco di mantenere un po' della mia infanzia nell'aspetto fantastico, cioè cerco di non perdere la fantasia. I due libri che ha citato sono per me molto importanti soprattutto dal punto di vista dell'educazione della fantasia. Il libro di McEwan è un libro assolutamente straordinario, è un libro sul dolore del tempo, che è una cosa che sento molto. Sono uno strano tipo: sono sospeso tra la nostalgia, che su di me ha un effetto molto violento, e il fascino per il futuro, cioè mi piacciono Internet e le figurine Panini, le due cose insieme. Quindi un po' di Peter Pan ci deve essere, un po' di dimensione fantastica. Peter Pan è «l'Isola che non c'è» che, come tale, è anche una meta. L'isola che non c'è è una frontiera da conquistare. L'isola che non c'è è un'utopia: bisogna avere dentro di sé un po' di utopia da coltivare.

E un quarantenne come lei che cosa ci trova ancora in Holden Caulfield, il protagonista del libro di Salinger?

In Holden c'è la ribellione. C'è la voglia di muoversi. Alessandro Baricco ha usato una bellissima frase: «Holden non si pone mai le domande di prima fila, si pone sempre le domande di seconda fila», cioè quelle che stanno dietro, quelle che non vedi mai, quelle che non ti vengono in mente. E credo che si debba fare così: il libro di Salinger è la sanzione dell'irrequietezza, di quella sana irrequietezza che fa parte dell'esistenza e che rende una vita interessante da vivere. In fondo Salinger, che è Holden, che cosa mostra se non una grande irrequietezza, rifugiandosi in un mondo, in un luogo, in un posto dove nessuno lo incontra? In fondo è il più grande scrittore vivente, probabilmente...

Per assenza?

Per assenza, esatto. Lui non c'è. Lui non esiste, non c'è. Lui ha deciso di sparire, di sottrarsi allo sguardo di tutti.

Una posizione molto romantica o molto comoda, dipende dai punti di vista.

Be', più romantica che comoda, perché lui non scrive più. Sono anni ormai che non produce, anzi sono decenni.

Però se ci pensa bene, per uno scrittore, è forse il modo più straordinario di... esistere.

Ma lui non lo ha mai sfruttato. Lui non ha mai sfruttato questa condizione. Tra Sgarbi e Salinger preferisco Salinger.

Eh, via: è una lotta impari. Diciamo, per rimettere le cose a posto, chi preferirebbe tra Salinger e Saul Bellow?

Sempre Salinger. Lo preferisco da tutti i punti di vista. Anche qui vorrei che fosse chiaro: non che stare fuori dal circuito dei media sia di per sé un valore, ma coltivare con dignità la propria coerenza sì. Il suo può essere anche un atto di grande modestia.

Può essere anche che uno non sia più capace di scrivere.

Ma sa, è difficile valutare dentro. Però l'intensità di un'esistenza vissuta con tutto quel lavoro alle spalle, in una posizione isolata mi sembra che sia da rispettare, da apprezzare. È molto più frequente il contrario. C'è gente che ammazzerebbe la madre pur di andare in televisione.

Questo è poco ma sicuro. Senta, che cos'è il «veltronismo»?

È un gioco giornalistico, tutto qui. Si vuole indicare una certa doppia dimensione: passato e futuro e l'idea del presente come un ponte tra il passato e il futuro. Io lo dico esplicitamente: penso che nel futuro si possa portare il meglio del nostro passato.

Mi dica, qual è il suo maggior pregio?

L'entusiasmo, forse.

E il difetto?

Tendo a dispiacermi. Sono uno che, se sa che una persona ha detto una cosa negativa, si dispiace.

Ho capito. E questo la condiziona nelle decisioni?

Vuole sapere se sono vendicativo, se registro i torti subiti e aspetto il momento buono per vendicarmi? No, davvero no.

Invece qual è il suo vezzo più precipuo?

Forse, appunto, questo giocare costantemente con la nostalgia.

Ben educato e leale: si riconosce in questi due aggettivi?

Sì, questi due sì. Aggiungo sinceramente che leale lo sono diventato. All'inizio della mia esperienza politica forse ero furbo. La vita mi ha insegnato a essere leale.

In che senso?

A un certo punto mi sono accorto che soffrivo della slealtà altrui e quindi mi sono imposto di diventare leale. Quando mi riferiscono delle cose malevole, mi dispiace. Quindi ho pensato che non dovessi provocare ad altri dispiaceri analoghi al mio. E lo sono anche per egoismo, per vivere più sereno, perché la lealtà è anche una grande condizione di serenità. Se ho una cosa da dire, apro la porta e la dico: non sono di quelli che parlano dietro le spalle. E la gente, ad esempio al giornale, accetta da me un'osservazione perché sa che è un'osservazione senza doppi fini.

Facciamo un gioco. Se dovesse scegliere un solo personaggio o fatto, tra i seguenti, quale sceglierebbe? Cominciamo: Tex Willer, Topolino, Charlie Brown?

Charlie Brown.

Popper, Gramsci, Hannah Arendt?

Gramsci. Ma vorrei che avesse incontrato Hannah Arendt.

Totò, Alberto Sordi, Benigni?

E madonna santa! Tutti e tre, non mi può chiedere tanto.

Le parole: amico, collega, compagno?

Compagno è calda e bella; amico è rara; collega è rispettosa.

Dylan, i Beatles, Ray Charles?

I Beatles.

Mina, Battisti, De Gregori?

Be', no, questa è una cattiveria! De Gregori. E Battisti.

Hemingway, Pasolini, Yourcenar?

Pasolini.

La Cinquecento, il Duetto, il Maggiolino?

Il Maggiolino.

Warhol, Guttuso, Francis Bacon?

Warhol.

Berlino, New York, Venezia?

New York.

Jackie Kennedy, Marilyn Monroe, Claudia Cardinale?

Claudia Cardinale.

Jules et Jim, Otto e mezzo, Ombre rosse?

Otto e mezzo.

Berruti, Gimondi, Tomba?

Forse Berruti, per quella curva in quell'Italia morbida.

Carl Lewis, Ayrton Senna, Bjorn Borg?

Ayrton Senna. Ma più di ogni altro Gilles Villeneuve.

Sivori, Baggio, Platini?

Eh no, questo è troppo. Questo è un tentativo di omicidio in diretta. Già mi ha costretto a scegliere tra gli amori più cari. Va be'... Platini, anche se ho conosciuto Baggio.

E come è Baggio?

È una persona straordinaria, umanamente straordinaria. Mi ha fatto una grande tenerezza. Mi sembra una persona di una grande intensità interiore. Viene voglia di averlo come fratello, come cugino, è una persona molto tenera. Ha uno sguardo malinconico come un animale in fuga.

Tenero e intenso contemporaneamente?

Sì, tenero e intenso. Mi ha fatto molta impressione. Mi sono sempre convinto di questo: Baggio è un giocatore malinconico; un giocatore pieno di fantasia, di estro. Ma poi sul campo non gli va di tornare indietro; ha poca propensione alla fatica. E così è nella vita, mi sembra: ha quella dose di bella malinconia, un grande struggimento. Per chi ama il calcio è una vera poesia.

Juventini si nasce?

Direi di sì. Per quanto mi riguarda, a sei anni sono diventato juventino e non ho mai smesso. Il primo scudetto l'ho vinto a dodici. Ho trascorso quindi anni duri, durissimi, ma non ho mai smesso. Lo so, è un gioco... Ma quando vedo le magliette bianconere mi emoziono, c'è poco da fare. È una passione, poco razionale, come tutte le passioni.

America: il fascino della democrazia

A proposito delle sue passioni, il co-fondatore del «Manifesto», Valentino Parlato, parlando della sua America scrive che gli sembra del tutto immaginaria. Che gli risponde?

L'America mi affascina per più di un motivo: mi affascina perché è laboratorio delle cose che poi succedono qui, è una specie di specchio che consente di vedere il futuro italiano con un certo anticipo. Poi mi affascina perché è un grande continente di cose diverse, di culture diverse, di etnie diverse. È un grande *melting pot* e anche da questo punto di vista è un'anticipazione della società futura. Mi affascina perché è una società con un grande dinamismo, con una grande tensione interiore, una grande voglia di muoversi. In fondo uno dei luoghi classici dell'immaginario americano è il viaggio, è la conquista. L'America nasce come conquista e questo elemento di movimento, di tensione, questa voglia di conquista mi hanno sempre affascinato molto. Inoltre, perché è il cuore della democrazia: lì la democrazia è nata compiutamente nella sua forma moderna; lì non ci sono mai stati regimi autoritari. Infine perché ci sono delle idee politiche che mi interessano: quelle dei democratici.

Però, Furio Colombo, che pure le è amico, scrive che lei ama l'America dei film, dove solo le carogne vengono punite; perciò nell'America vera avrebbe lo stesso entusiasmo ma anche qualche difficoltà. Ammette o contesta?

No, ammetto, ammetto perfettamente. Ma se fosse questo un buon obiettivo, cioè provare a far andare le cose come tra i buoni e i cattivi dei film? Se noi puntassimo come nei film, i buoni vincano e i cattivi perdano? In fondo non ci siamo mai posti questa semplice ma radicale domanda. Adesso stiamo scherzando, ma insomma, se esistono delle buone ragioni perché bisogna dare per scontato che debbano sempre essere sconfitte dalle cattive? Per quanto riguarda l'America, Furio ha ragione, ha sicuramente ragione, nel senso che gli Stati Uniti sono un paese con spaventose ingiustizie sociali, con il razzismo, la pena di morte. È una società complessa. Ha partorito il New Deal e il reaganismo. Sempre idee forti, politica alta, strategia. Come ho già detto, ho grande interesse per le idee dei democratici americani. Penso che lì sia il nostro futuro.

Bill Clinton meritava tutta la fiducia che molti come lei, anche in Europa, gli hanno accordato?

Sì, penso di sì. Non ho cambiato idea su Clinton. Penso che in condizioni politiche e storiche difficilissime, Clinton abbia interpretato il governo democratico possibile. Anche lui ha un grande coraggio e questa è una cosa che mi è piaciuta. Penso che tra tanti problemi, ambiguità e contraddizioni, Clinton abbia cercato di fare alcune cose rivoluzionarie nella società americana: dalla legge sulle armi, alla proposta di cambiare il sistema sanitario, dalla riduzione delle spese militari all'abolizione dei test nucleari, Clinton ha sfidato dei poteri molto forti; e forse una delle ragioni della sua difficoltà sta proprio in questo. Aggiungo che Clinton si è trovato in un mondo non più bipolare, che era una grande, difficile comodità, ma si è trovato a guidare l'unica grande potenza del mondo, che è una grande, facile scomodità.

Sì, però ha commesso anche errori madornali.

Lui ha commesso un grande errore: la Somalia. Lì ha fatto delle cose inaccettabili. Per il resto credo che le crisi le abbia governate e abbia fatto scelte coraggiose, nel normalizzare i rapporti con il Vietnam o nell'opera di mediazione tra Olp e Israele. C'è un rimprovero che ci riguarda tutti, non riguarda solo l'America. Vale per tutta la comunità internazionale: ed è la Jugoslavia. Ma in questo caso, la responsabilità maggiore è dell'Europa.

Quando è stato in America per la prima volta?

Nel 1988, con una commissione parlamentare che studiava la questione della comunicazione. Poi ci sono tornato altre sei o sette volte.

Il mestiere di padre

Lei racconta favole alle sue figlie?

Mah, non sono un raccontatore di favole, no. Giochiamo, giochiamo molto. Più che raccontare favole, con loro gioco. Anzi le favole le ascolto da loro. Le inseguo nella loro fantasia. Mi colpisce la loro percezione delle cose del mondo. L'essenziale, il valore delle cose. C'è una bellissima poesia di Franco Fortini che dice: «Il bambino smise di giocare e parlò al vecchio come a un amico. Il vecchio lo udiva raccontare come una favola la sua vita. Gli si facevano sicure e chiare cose che mai aveva capite. Prima lo prese la paura poi la calma. Il bambino seguitava a parlare».

Che giochi fate?

Tutti i giochi possibili, tutti quelli che loro hanno. Mi piace accompagnarle in tutti i giochi che fanno. E soprattutto in quelli che inventano. Rimango affascinato a guardare Vittoria, la più piccola, che costruisce con le sue bambole delle drammatizzazioni molto complesse.

Cioè sono loro che conducono il gioco, che scelgono?

Sì, sì, sono loro. Mi affascina immensamente seguire la dinamica con la quale nasce in loro un gioco. Mi piace capire quanto amino la ripetitività (se un gioco è stato bello la prima volta forse lo sarà sempre), mi piace cercare le ragioni della stanchezza per un giocattolo. In fondo, gli armadi dove riposano i giochi dimenticati sono il primo archivio di un'esistenza.

Che scuola frequentano le sue figlie, pubblica o privata?

Pubblica, tutte e due.

E che studi vorrebbe che facessero dopo?

Vorrei che fossero contente. Vorrei che scegliessero quello che più sta nelle loro corde.

Ma ha un'ambizione per loro? Da questo punto di vista, voglio dire.

No, no. Spero che siano serene.

Che cosa teme di più per il futuro delle sue bambine?

La società violenta. Temo la violenza e la volgarità della società.

Lei è un padre apprensivo, oppressivo o liberal?

Liberal e apprensivo. Oppressivo sicuramente no. Apprensivo perché lo sono per tutto, per le cose famigliari sono sempre stato apprensivo. Anzi, sono di quelli che pensano sempre che un dolore a un piede sia l'inizio di qualcosa di terribile. Dal punto di vista educativo sono, credo, uno molto aperto. Mi diverto molto con le bambine, mi hanno cambiato. Sono loro che hanno plasmato me, non il contrario. Mi hanno cambiato il ritmo dei pensieri, la gerarchia delle importanze.

Poniamo che tra quindici anni le capiti quello che succede nel film Indovina chi viene a cena?, *cioè una delle sue figlie si presenta senza dirglielo a cena con un fidanzato nero. Lei come reagirebbe?*

Sarei contento. Sarei veramente contento. Me lo sono chiesto, proprio recentemente ho rivisto il film. Da padre l'ho visto in un'altra ottica... E dico che sarei contento. Quando si amano veramente i propri figli non si può volere altro che la loro felicità, comunque si realizzi.

Che effetto le fa la violenza quando vi assiste? Ripulsa, paura, reazione?

No, reazione violenta mai.

Alla violenza, sto dicendo.

Sì, mai, non sono proprio capace... Ho un po' paura. La violenza è perdita di controllo e quindi come tale mi fa paura. Ricordo di aver visto in tante occasioni la violenza nelle piazze, di aver visto gente ferita o gente uccisa, è qualcosa che ti lascia un vuoto dentro, ti lascia un buco dentro. È una paura profonda, molto radicata perché è la paura dei tuoi simili. Non è la paura di un evento, di un terremoto, di una malattia, è la paura della persona che incontri per strada. Ed è la paura più profonda, più difficile da rimuovere. Per questo, dicevo prima, ho paura per le mie figlie. Noi viviamo in una società eccessivamente violenta, una società cattiva, cinica, una società in cui dei ragazzi sono andati a comprare una bambola e l'hanno riempita di esplosivo per regalarla a una bambina Rom. Siamo in una società che ha perso senso, ragione, finalità. E la violenza è la manifestazione di tutto questo. Ce n'è troppa, bisogna stroncarla. In questo senso sono molto duro. Bisogna stroncarla, e la si stronca in due modi. Intanto chiudendo i rubinetti, cioè cercando di rimuovere le ragioni sociali di questa violenza. Ci sono oggi più ragioni sociali, più disperazione, più cause materiali e più cause ideali che trasformano un ragazzo in un ragazzo violento. E quindi bisogna sicuramente intervenire sulle cause reali. Però poi ci vuole anche la repressione, che deve essere molto dura, che si tratti della violenza negli stadi, del grande traffico della droga, o sia essa soprattutto la violenza sessuale o sui bambini. Bisogna far capire che da questo punto di vista la comunità non può tollerare che ci si avviti in una spirale di violenza che produce violenza.

Lei pensa che la nostra società, quella italiana, sia troppo tollerante rispetto alla violenza?

Penso che ci sia soprattutto mancanza di prevenzione. Poi penso che siamo stati troppo tolleranti nei confronti di un certo tipo di violenza: mafia, camorra e 'ndrangheta da un lato; la violenza sessuale e quella contro i più deboli, dall'altro.

Da padre e non da politico, quanto teme la droga?

Molto. Ho visto miei amici morire di droga, ho visto persone straordinarie, energie, cervelli perdersi per la droga. Credo che il paese abbia pagato un prezzo altissimo: una parte di questa generazione, delle generazioni successive se n'è andata, si è perduta così. So che dico una cosa che può apparire banale, o meglio può apparire fuori dal tempo, ma il problema della droga lo si ferma prima. Si deve impedire a un ragazzo di sentirsi così male da arrivare alla droga. Si può impedirlo se si trovano le motivazioni forti, se la società non è una società che genera solitudine. La droga è una forma di risposta alla solitudine. E come tutte le forme di autodistruzione, è un modo per sfuggire a una realtà che ti opprime, che ti costringe, che ti frantuma dentro. Noi dobbiamo restituire a questo paese il senso di una comunità e il senso di una comunità lo si ha se ci sono tante microcomunità. Penso che si debba sottolineare il valore di una famiglia, di una famiglia moderna, il valore di una scuola, di una scuola moderna, il valore di quartieri che ritornino a essere quartieri vivibili, che non siano solo dormitori. Credo che abbiamo una grande opportunità. Ora abbiamo nelle mani la più straordinaria rivoluzione che questo secolo abbia conosciuto: noi possiamo fare un salto straordinario. Noi possiamo ridare qualità della vita a ciascuno di noi grazie alle innovazioni tecnologiche. Però se vogliamo combattere la droga, anche qui dobbiamo lavorare in due direzioni. Primo, dobbiamo rifare di questo paese una comunità, dobbiamo ritrovare dei valori, delle ragioni unificanti, qualcosa che valga nella nostra esistenza per riempire i vuoti che inevitabilmente si aprono. E poi dobbiamo anche darci una politica per la repressione del traffico degli stupefacenti, una politica molto dura. E dobbiamo darci una politica per il sostegno dei tossicodipendenti molto radicata nel territorio, molto diffusa.

Adesso si parla di liberalizzare le droghe leggere. Lei è favorevole o contrario?

Ho letto molte opinioni, a favore e contrarie, molte opinioni di persone delle quali mi fido. Istintivamente, devo dirle la verità, sarei contrario. Il mio istinto è di essere contrario, cioè penso che non sia vero quello che si dice, che non necessariamente c'è un legame tra lo spinello e le droghe pesanti... Invece penso proprio che ci sia un rapporto, vorrei dire persino di testa, tra l'idea dello spinello e i passaggi successivi.

Non pensa che, come lo spinello porta alla droga pesante, così la proibizione tenta al consumo?

E questo infatti è il problema. Per questo ho detto che sono solo istintivamente contrario, perché poi mi rendo conto che anche la proibizione ha lo stesso effetto. Se quello è il mio atteggiamento istintivo, razionalmente invece penso che una grande campagna, che da un lato liberalizzi e dall'altro serva di prevenzione nei confronti delle droghe pesanti, potrebbe essere la soluzione giusta.

Parliamo di sesso. La imbarazza discuterne?

No, non necessariamente.

Come definirebbe il suo rapporto con l'argomento?

Be', è un argomento interessante.

Sì, d'accordo, ma è un argomento che tratta normalmente o che evita di trattare?

No, no.

Ne parlate in casa?

Per ora no. Con le bambine stiamo solo cominciando. Ma ci poniamo il problema di come avviare una giusta educazione sessuale. Certo, oggi il sesso è un'altra cosa da quello della mia generazione. La mia generazione ha letto Reich [Wilhelm Reich, psicoanalista austriaco trapiantato in California, teorico della liberazione attraverso la rivoluzione sessuale, *N.d.R.*], ha praticato le cose che scriveva Reich. Adesso un ragazzo a quattordici anni si sente dire che deve stare attento, che deve mettersi il preservativo, che deve pensare che la persona con la quale farà l'amore potrebbe persino ucciderlo. È una bella differenza dal punto di vista epistemologico.

Ma tanto per cominciare, quel giovane di cui parla, se lo sente dire troppo o non se lo sente dire abbastanza, di mettersi il preservativo?

Non abbastanza. Non abbastanza. Credo che la battaglia contro l'Aids sia uno dei grandi temi di cui deve occuparsi la cultura democratica. Però, oltre alla tragedia della malattia, c'è anche il problema che i giovani di oggi hanno con il sesso. Per noi era una possibilità, per loro è un pericolo. Capire che un rapporto di conoscenza può diventare anche un rapporto di sesso e di amore è un'opportunità in più che i ragazzi di oggi non hanno. Quando avremo sconfitto l'Aids, sarà come avere riacceso la luce per le generazioni che vengono, che devono avere la possibilità di vivere il sesso con la stessa serenità con la quale lo hanno vissuto le generazioni precedenti.

E che cosa si dovrebbe fare che non si fa sul problema dell'Aids?

Ricerche. Bisognerebbe spendere in ricerche; bisognerebbe coordinare gli interventi di ricerca; bisognerebbe educare alla solidarietà nei confronti dei sieropositivi e degli ammalati di Hiv; ci si dovrebbe dotare di strutture ospedaliere adeguate. Ma a contare è soprattutto la ricerca. Ho letto la proposta del professor Ferdinando Aiuti di destinare il quattro per mille alla ricerca sull'Aids e credo che abbia ragione. L'Aids è la seconda causa di morte tra i giovani dopo gli incidenti stradali. Ma più che la causa di morte è quello che produce nella testa: è una compressione di facoltà umane, non voglio dire di libertà ma di opportunità. Dobbiamo rimuoverla. Bisogna che il paese, per la sua parte, faccia di più, investa in questo senso molte risorse, molte energie. Poi ci penseranno le comunità internazionali.

Lei pensa che si debba rivedere la legge sull'aborto, oppure ritiene che vada bene così com'è?

La legge sull'aborto è stata una buona legge. È una legge che ha ridotto il numero degli aborti. È una legge che ha combattuto e fatto regredire il fenomeno degli aborti clandestini, e anche questo è importantissimo. Semmai, la si può rivedere per la parte che riguarda la prevenzione e cioè tutta la parte che precede il momento della decisione della donna. Ma c'è un principio di questa legge che non può essere messo in discussione ed è l'autodeterminazione della donna. Io penso che nessuno abbia il potere di interferire su una vita che si è determinata se non chi la porta dentro di sé. E aggiungo persino che credo che di questa materia debbano parlare più le donne degli uomini. Anche se difendo il diritto di parlarne, avendo responsabilità politiche, riconosco un'autorità altra. Il grado della mia consapevolezza e la persuasività delle cose che dico sono molto inferiori a quelle che può esprimere una donna. Quella della maternità è un'esperienza non duplicabile.

Le domande estreme

Crede in Dio?

No, non credo in Dio. Però uso per me l'espressione «credo di non credere». Mi spiego: ho una formazione cattolica, ho fatto la comunione, ho fatto la cresima, ho conosciuto tutti i passaggi tipici di quella formazione lì. Poi a un certo punto della mia vita ho compiuto altre scelte, mi sono fatto altre convinzioni. Però sono assolutamente carico di interrogativi. E ho un atteggiamento molto laico da questo punto di vista, vivo la mia condizione di non credente in maniera molto laica, credo che sia intellettualmente giusto. Mi sento costantemente impegnato in una ricerca. E sono aperto a tutte le spiegazioni possibili ai grandi interrogativi, ai grandi misteri. Aggiungo che ho grande rispetto per la cultura cattolica, e sono affascinato dalle persone di fede.

Ha mai pregato?

Be' sì, da ragazzo mi capitava spesso.

E dopo? Da quando crede di non credere, le è capitato di pregare, magari in un momento di panico?

No, non mi è mai capitato. Assolutamente no, mi sembrerebbe veramente un atteggiamento furfantesco, una forma di doppiezza che non è tollerabile.

Come pensa di comportarsi davanti alla morte?

Con dignità. Le dirò: ho persino una speranza. Si dice che nel momento della morte si rivede come un film tutta la propria esistenza: questo mi fa pensare che potrebbe persino non essere del tutto sgradevole. A parte le battute, ripeto, vorrei comportarmi con dignità; vorrei morire dando meno fastidio possibile agli altri; vorrei pesare il meno possibile; perché so, per averlo vissuto, quanto la morte dia dolore a chi rimane. E allora vorrei andarmene in punta di piedi, vorrei uscire dalla comune senza far rumore.

Come vede il dopo? Come lo descriverebbe?

Non lo vedo. Non lo vedo e mi rendo conto che per spiegare alle mie figlie, quando morì mia madre, che era morta la nonna ho dovuto usare quei triti luoghi comuni della nonna che sta su una nuvola e continua a guardarci, per dare loro la sensazione che non tutto finisce, cosa che da bambini è terribile accettare. L'idea che si finisca è una cosa che stravolge. Però, francamente non riesco a vederlo, un dopo. Questa è una delle risorse in più delle persone che hanno fede, una ricchezza in più. Loro vedono oltre e io non riesco a vedere: con tutta la buona volontà non riesco a vedere.

Dove vorrebbe essere sepolto?

Vicino ai miei.

Se lei potesse scrivere una lettera a suo padre, che cosa gli direbbe?

Non lo so. Mi piacerebbe riceverla. Mi sarebbe piaciuto conoscerlo. Mi sarebbe piaciuto che venisse a vedermi quando giocavo a calcio da bambino, mi sarebbe piaciuto sapere che cosa pensa di me e delle cose che faccio. Mi sarebbe piaciuto averlo, dargli la mano, sentire la sua voce. Nei momenti per me più difficili ho avuto una specie di comunicazione. Una cosa di testa e di cuore. Come la richiesta di un conforto, il bisogno di un dialogo. Credo che tutti coloro che hanno perduto un grande affetto ricorrano alla stessa forma di comunicazione. Per me è un po' particolare. Per me mio padre è una foto e un luogo dove riposa, con mia madre. Nulla di più, non un ricordo, non una testimonianza di rapporto personale. Mio padre si ammalò poco dopo la mia nascita e così non posseggo nemmeno una foto insieme a lui. Ecco, più che una lettera, vorrei una foto con lui. Vorrei che l'obiettivo ci potesse cogliere così: fieri, sereni, orgogliosi di essere un padre e un figlio.

PARTE SECONDA

LA POLITICA

Un Ulivo per l'Italia

Veltroni, lei si è candidato con Romano Prodi a governare l'Italia in una coalizione di centrosinistra chiamata «l'Ulivo». Si tratta di una prassi del tutto nuova per la politica italiana: qualcuno per definirvi ha parlato di «governo ombra». Vuole spiegare che cosa significa tutto ciò esattamente?

Intanto, il nostro non è un governo ombra. Noi stiamo preparando il governo che governerà l'Italia. Lo stiamo preparando chiamando a raccolta energie, competenze, risorse umane, con l'obiettivo di fare, del futuro governo di centrosinistra, del primo governo in cui le forze democratiche unite avranno responsabilità di direzione del paese, il luogo della maggiore concentrazione di competenze e di intelligenze di cui la politica italiana abbia mai disposto. Mi rendo conto che si tratta di un obiettivo ambizioso ma credo sia una necessità del paese. Per intenderci, noi vorremmo realizzare una trasformazione del modo stesso di governare simile a quella che riuscì a John Fitzgerald Kennedy all'inizio della sua presidenza, e che loro chiamavano Camelot: un luogo in cui intellettuali e politici, da Arthur Schlesinger Jr. a John Kenneth Galbraith, Ted

Sorensen e tanti altri, si riunivano per esercitare funzioni di responsabilità politica. Noi vogliamo fare altrettanto. Anche in Italia possiamo chiamare a raccolta le energie migliori. Ed è quello che intendiamo fare.

Dove andrete a cercare queste persone?

Alcuni li cercheremo fra quanti hanno partecipato al governo Ciampi; altri nel governo Dini, altri ancora in varie zone della politica e della società. Tengo a dirlo subito: possiamo davvero trasformare il territorio della politica in un regno trasparente in cui la gente sa che se un ministro parla di trasporti conosce ciò di cui sta parlando. Un tempo i ministri venivano nominati alla Marina mercantile, il giorno dopo alla Sanità. Il nostro, quindi, non è proprio un governo ombra. Un governo ombra è quello che si propone di inseguire con le sue proposte il governo reale; noi vogliamo diventare il governo reale di questo paese. E poi saranno gli altri a dover fare il governo ombra, non noi.

E, dica, è contento di fare il numero due di Prodi?

Farei anche il numero quindici. È una scelta per me molto naturale, naturale politicamente. Ho dedicato tutta la mia vita politica a un obiettivo: far incontrare i democratici. Adesso quest'obiettivo si è realizzato. Mi è poi naturale come lavoro: ho una vocazione al gioco di squadra, mi piace decidere insieme. Quindi mi trovo particolarmente a mio agio anche perché Prodi è uno con cui si lavora molto bene, molto aperto, che ascolta, che discute, che decide con gli altri. Mi auguro che questo paese, ora in viaggio verso la normalità, abbia presto sia un governo in carica sia un'opposizione che lo fronteggia accollandosi la responsabilità della proposta. E cioè, che l'opposizione al governo in carica non coltivi l'hobby della distruzione o dell'ostruzionismo, non voglia impedire al governo legittimo di funzionare ma si proponga di nutrire la sua politica con proposte alternative. Detto questo, il nostro obiettivo è fare il governo reale del paese.

Comunque in questo governo, chiamiamolo così, ipotetico, lei è l'uomo del Pds. E qui sorge subito una domanda: è Prodi che ha scelto voi o siete voi che avete scelto Prodi?

Intanto le rispondo sulla definizione di uomo del Pds. Per ora ci sono due persone, Romano Prodi che è espressione della cultura di centro e io che sono espressione della cultura di sinistra. La coalizione di centrosinistra è visibile attraverso le nostre due persone, le nostre reciproche storie, identità, linguaggi, culture politiche. Ci siamo scelti a vicenda, Prodi e noi. In qualche misura, ci siamo cercati. Ricordo di aver parlato con Prodi molti mesi fa, al momento dell'elezione del segretario del Pds. Non dico che allora immaginassimo che le cose sarebbero finite come sono finite, ma certo sapevamo che in qualche misura ci sarebbe toccato svolgere una parte, anche se non sapevamo ancora quale, non conoscevamo i ruoli in questa avventura. Ma sentivamo che ci sarebbe toccato viverla perché, probabilmente, delle nostre culture politiche, eravamo forse le due persone più in grado di interloquire, lui verso sinistra e io verso il centro. Fu in quella circostanza, parlandone allora, che venne fuori l'idea del pullman.

Può essere più preciso? Quando avvenne esattamente questo incontro?

Nel luglio del '94. Fu una cosa a metà tra il desiderio e il sogno, ci dicemmo che sarebbe stato bello prendere un pullman, girare l'Italia, sentire la gente...

Come Bill Clinton e Al Gore. È stata sua l'idea?

No, no, è stata un'idea comune. Certo, mi aveva molto colpito il fatto che, finita la convention democratica Clinton e Gore fossero saliti sul pullman e avessero girato l'America. Però l'abbiamo pensata davvero insieme. Ne parlai in seguito in un'intervista su «Repubblica». Insomma è una cosa che ha avuto il valore di un impegno, in qualche modo era come se ci stessimo dando un appuntamento.

Scusi, sa, ma fa uno strano effetto immaginare Prodi che un bel mattino si sveglia e annuncia: «Il campione del centrosinistra sono io». Per non dire di D'Alema che, parallelamente, decide che Veltroni farà il vice-Prodi.

Non è andata affatto così. La sinistra era impegnata nella ricerca di un leader che avesse alcune caratteristiche, che avesse competenza, autorevolezza e che fosse espressione del centro. Volevamo, infatti, rendere esplicita questa idea di una coalizione che aveva una leadership di centro in un'alleanza con la sinistra. E in questa ricerca francamente non c'erano altri nomi forti se non quello di Romano Prodi. La sua candidatura quindi era nei fatti. Romano da parte sua stava girando, stava parlando, consultava persone alle quali teneva. Poi, tra queste persone alle quali teneva, ce ne sono state alcune che non hanno mantenuto la riservatezza e che, magari per ragioni legate alle vicende interne del Partito popolare, hanno fatto giungere all'esterno la voce che la candidatura di Romano Prodi si stava affermando. A quel punto, giustamente, Prodi ha deciso che bisognava cominciare.

Lei, però, aveva proposto delle primarie per arrivare a candidature comuni del centrosinistra. Come mai ci avete rinunciato?

Le avevo proposte molto prima della candidatura Prodi, convinto che sarebbe emersa dalle primarie. Quando poi è uscito il suo nome, la questione delle primarie l'ho rimandata alla prossima occasione.

Però come metodo sarebbe un tantino più democratico...

Sì, mi pare convincente sia per la definizione della leadership, sia per la definizione delle candidature su scala locale. Naturalmente ci vogliono delle regole e naturalmente è ovvio che fare delle primarie così nei collegi, oggi significherebbe avere, presumibilmente, tutti candidati del Pds. E questo non andrebbe bene.

Eh già, in America ad esempio, alle primarie si vota con delle regole: votano gli elettori registrati. Anche in Italia bisognerà definire chi partecipa.

E infatti, bisogna disciplinare. Noi abbiamo messo al lavoro delle persone che stanno ragionando su queste ipotesi, degli esperti di sistemi elettorali, dei costituzionalisti, però non c'è dubbio che la prossima volta bisognerà darsi delle regole, forse persino delle regole legislative per le primarie. Naturalmente a condizione che il sistema istituzionale italiano evolva nel senso della democrazia dell'alternanza: ma questa è una conquista da realizzare, non è una certezza dell'oggi. Vedo una maggiore propensione, semmai, al ritorno alla proporzionale piuttosto che alla scelta compiuta del sistema maggioritario.

Lei non può negare che, da parte di frazioni del vostro stesso elettorato, ci siano stati dubbi sulla candidatura Prodi. Né che riaffiorino timori tra gli alleati della coalizione di finire ostaggi del ben più potente e organizzato Pds. Che cosa risponde a queste paure?

È già abbastanza esplicito il carattere della coalizione. Così come la sua sovranità politica; i partiti concorrono tutti dentro la coalizione, naturalmente ciascuno in ragione della propria forza, ma anche in ragione delle proprie idee. Però la possibilità di vittoria è legata al fatto che in campo ci sia la coalizione. Perché Berlusconi, per così tanto tempo, ha rifiutato di discutere con Prodi? Perché ha tutto l'interesse a far credere al paese che la battaglia è tra lui e il Pds. E per far credere questo è anche disposto a coprire di complimenti il Pds, quando, secondo la sua *par condicio*, non lo copre di insulti. Ora, è chiaro perché Berlusconi non ha interesse ad accreditare come suo interlocutore la coalizione guidata da Romano Prodi. Perché Prodi pesca i voti al centro, perché Prodi parla all'elettorato di centro e, aggiungo, perché Prodi è più convincente di lui, Prodi è più competente di lui, Prodi è più capace di costruire, di governare questo paese di quanto non sia lui. Fin dall'inizio lui doveva schivare finché poteva il match con Romano Prodi. Ma penso che la coalizione non cadrà in nessun tranello. Lo penso perché faccio riferimento all'intelligenza di tutti coloro che fanno parte dello schieramento. Chiunque pensasse di allungare la sua ombra su quella dell'Ulivo finirebbe con l'impedire all'Ulivo di prendere il sole e quindi di crescere. Se perde l'Ulivo, perde la Quercia, perde il Gonfalone, perde il Sole che ride... Non è che perde l'Ulivo e vince qualcun altro: se perde l'Ulivo perdiamo tutti. E invece l'Ulivo può vincere. Per la prima volta nella storia italiana, una coalizione democratica può vincere le elezioni. Riunisce tutte le condizioni per farlo: ha persone, programma, schieramento, immagine. Ed è una sfida lunga, che non è condizionata dalla data delle elezioni. Sia fra un mese, o fra due anni, questa realtà strategica è fuori discussione.

Massimo, io vorrei...

Ai tempi della corsa alla segreteria del Pds, D'Alema dichiarò che vedeva bene per lei il ruolo di leader della sinistra: significa che eravate d'accordo fin da allora?

No. Né in quel momento né dopo. Noi non abbiamo mai fatto accordi, non è nel nostro stile.

Be', naturalmente, parlavo di accordi dopo la decisione sulla segreteria: lo sanno tutti che prima avete combattuto una guerra senza quartiere.

No, niente accordi lo ripeto. E quanto alla guerra, guardi, questa può essere l'occasione per ricostruire quella vicenda. D'Alema e io abbiamo una diversità di formazione che si sente e si vede. Ma ciascuno di noi ha fatto uno sforzo per andare incontro all'altro. Io ho fatto lo sforzo di mettere dentro alla mia esperienza politica anche la dimensione della vita di partito. D'Alema ha fatto lo sforzo di mettere dentro alla sua esperienza una attenzione alle culture diverse da quelle della sua formazione. Questi due cammini si sono incrociati, anche per via di due caratteri che non potrebbero essere più diversi e però forse, per questa diversità, hanno anche una loro complementarietà. Può darsi che ci siano delle cose di me che a Massimo non piacciono; e può darsi che ci siano delle cose sue che non piacciono a me.

Può darsi?

No, può darsi sul serio, nel senso che razionalmente non sono in grado di indicarlo, lo dicevo per aiutare la prima parte della frase.

No, guardi, non se la può cavare così. Che cos'è che non le piace di D'Alema?

Ma no, non ci sono cose che non mi piacciono. Dal mio punto di vista non ce ne sono... C'è una diversità, però non so dire se le cose diverse da me non mi piacciono. Anzi, può darsi il contrario.

Eh via! Eppure c'è stata da sempre una differenza politica tra voi.

Be', quando lui era segretario della Fgci non andavamo d'accordo, proprio non andavamo d'accordo. In maniera molto netta.

Su che cosa non andavate d'accordo?

Avevamo due visioni della politica diverse. Allora, le nostre diversità erano moltiplicate per cento. Eravamo più giovani, lui venne dal partito per dirigere più severamente una Fgci ribelle, io ero più attento ai movimenti. Quindi non ci prendevamo bene. A quei tempi ci fu un conflitto tra noi, un conflitto di quelli che, quando si è ragazzi, lasciano qualche segno. Per questo, per un certo numero di anni, ci siamo guardati con qualche reciproco sospetto. Poi Massimo è tornato a lavorare alle Botteghe Oscure, lui mi ha conosciuto meglio, io l'ho conosciuto meglio, lui era cambiato, io ero cambiato, tante cose della vita e dell'esperienza politica avevano segnato ciascuno di noi e ci siamo trovati bene; siamo andati d'accordo. Siamo diventati amici, molto amici. Abbiamo un rapporto di affetto profondo. Come consigliere comunale ho celebrato il matrimonio suo e di sua moglie nel 1986, insomma siamo stati e siamo amici.

Va be'. In questo idillio, però, scoppia la bomba della sostituzione di Occhetto. E la vostra rivalità. Questo non vorrà negarlo...

Mi stia a sentire. Nella sostanza anche adesso, seppure ci vediamo di meno, soprattutto per il lavoro di entrambi, credo che l'amicizia rimanga. Almeno per me rimane. Adesso non voglio in nessun modo coinvolgere lui, né voglio che si consideri obbligato alla reciprocità per quello che sto dicendo, ma per me, al fondo, i valori dell'amicizia permangono. Ci sono dei momenti della vita nei quali ci si trova, e in seguito è difficile dimenticarli. Quando ci fu la sostituzione di Occhetto – e qui dico subito che Occhetto ha fatto molte cose straordinarie – era naturale che toccasse a D'Alema. Massimo era obiettivamente il più adatto a fare quel lavoro, l'ho sempre detto. Tuttavia c'era un'area molto consistente del partito che non era d'accordo, che aveva preoccupazione sia per la linea politica sia per le caratteristiche della direzione. Per la linea politica erano rimasti strascichi perché Massimo, durante la svolta, era stato particolarmente attento alle posizioni della componente comunista democratica, il famoso spirito di Ariccia. Insomma, in alcuni passaggi decisivi, nel gruppo dirigente c'erano state delle discussioni.

E c'era soprattutto una fortissima divergenza politica dopo la sconfitta elettorale del marzo '94.

Altroché, c'era stato uno scontro molto aspro con Occhetto, secondo me anche con parole e giudizi che non hanno fatto bene a nessuno.

E così è entrato in lizza lei...

Francamente non avevo alcuna intenzione di fare il segretario del Pds. L'ho detto allora e lo ripeto oggi.

Sì, lei allora fu molto diplomatico, poi però ha corso, eccome.

Ma guardi che adesso potrei anche dirlo se le cose non fossero andate così. Ormai è passato il tempo necessario. E poi lo sanno tutte le persone che mi sono più care, ci sono persone alle quali è difficile mentire... Io non ne avevo alcuna intenzione, ma veramente alcuna intenzione. E aggiungo: ero assolutamente sicuro che non avrei fatto il segretario del Pds. Tuttavia, a un certo punto, mi sono trovato in una condizione di stretta: c'era una parte del partito che non era d'accordo con la candidatura di D'Alema; c'era un'opinione pubblica che aveva espresso maggioritariamente, come dissero i sondaggi, una preferenza per la mia candidatura. A quel punto mi sarei sentito un presuntuoso e un pauroso, se mi fossi tirato indietro. C'era stata la consultazione; dalla consultazione era emersa una maggioranza di preferenze per il mio nome; io ho cercato di governare quel passaggio per me difficile, forse il più difficile, con il mio stile. Ecco, se si vuole mettere una data d'inizio al «buonismo» di cui tanto si è parlato, al fatto che io sarei un buono, quella è sicuramente una data peculiare, l'inizio della storia del «buonismo» applicata alla politica.

In che senso, scusi?

Sarebbe bastato che, al Consiglio nazionale, non dicessi che quel Consiglio era sovrano nel decidere sul segretario. Io sapevo benissimo che quel Consiglio nazionale, per la sua composizione, non poteva che eleggere Massimo D'Alema. In quell'organismo, infatti, era molto forte il peso delle componenti che si erano formate al momento della svolta. Bastava fare due conti per sapere... Insomma, sarebbe bastato che io, lì, invece di dire: «Il Consiglio nazionale è sovrano», dicessi: «No, dopo i fax, dopo un pronunciamento di questo tipo, non ci si può mettere contro il partito». O sarebbe bastato che dopo il Consiglio nazionale io usassi lo stesso argomento, cioè sollevassi una questione di legittimità e si sarebbe sfasciato tutto. Invece, in un passaggio difficilissimo, io ho cercato di governare la situazione per la mia parte; Massimo ha fatto altrettanto per la sua, tutti con senso di responsabilità e amore per questo partito.

E allora: viva il «buonismo»! E così D'Alema deve anche a lei la nomina a segretario del Pds.

No. Mi lasci finire. Quella che stavo dicendo è una cosa per me molto importante. Parlo dell'amore per la gente di questo partito, amore per il disinteresse personale, amore per una certa concezione della politica, per questa sorta di straordinaria passione che attraversa il cuore di centinaia di migliaia di persone. Badi, non è retorica. È una storia straordinaria, è un grande fatto della democrazia italiana che ci siano centinaia di migliaia di persone che concepiscono un rapporto con la vita pubblica e con la politica di questa natura. E dunque, anche per rispetto a questa storia mi sono comportato come ho fatto. Francamente non ho mai pensato di diventare segretario del Pds, perché il meccanismo era tale che non sarebbe potuto accadere; né ho mai pensato di poter creare un problema. Nei discorsi al Consiglio nazionale, nelle centinaia di interviste fatte in quei giorni, ho governato le cose in modo tale da rendere tutto il più soft possibile. In modo da far capire che c'erano due persone che non avevano profonde differenze di linea, come poi si è visto. Perché Massimo ha incorporato idee, anche correggendo radicalmente se stesso. Sì, le correzioni che Massimo ha apportato alle sue idee politiche, quest'anno, sono molte e io non posso che esserne contento. E quindi mi pare che ci sia stata l'evoluzione che si poteva immaginare. Avevo sufficiente fiducia nell'intelligenza di Massimo per sapere che, una volta eletto segretario, avrebbe usato le sue qualità migliori. Cosa che ha fatto e, fin qui, con risultati positivi.

Dopo il congresso del luglio 1995 che cosa si deve intendere, secondo lei, per Partito democratico della sinistra?

Il Pds è quello che voleva essere al momento della sua nascita: un grande partito della sinistra, parte di un movimento mondiale, quello dell'Internazionale socialista, impegnato a interpretare, senza esaurirle in sé, le diverse anime della sinistra. E il Pds sta corrispondendo all'obiettivo fondamentale della sua fondazione: creare le condizioni per l'alternanza al governo.

Se lei e D'Alema non siete avversari, anzi, come lei ha detto, siete complementari, le propongo un gioco. Riprendendo le grandi coppie, un «luogo» di quella cinematografia italiana che tanto le sta a cuore, le chiedo: tra voi due, chi è Totò e chi è Peppino?

Ma perché dobbiamo prendere proprio quella coppia lì? Ne possiamo prendere tante altre. Possiamo prendere, che ne so, Gassman e Trintignant del *Sorpasso*. Magari, però, dovendo io fare la parte di Trintignant....

Si fermerebbe prima dell'ultima curva, visto che nel film il suo personaggio muore?

O forse penso di poter suggerire a Massimo che il volante va...

Ah, gli insegnerebbe come va tenuto il volante?

No, non vorrei proprio insegnargli, mà insomma, gli direi che forse ci vuole meno rudezza nella guida.

O che bisogna cambiare macchina?

No, no, la macchina adesso non bisogna cambiarla. Anche se è chiaro che le macchine, a un certo punto, bisogna cambiarle.

Quindi, per ora, va bene l'Aurelia Sport.

L'Aurelia Sport supercompressa sta andando molto bene.

Comunque, se lei si mette nella parte di Trintignant, riconosce che, tra voi due, quello brillante e guascone è D'Alema? È questo il concetto?

Ma è un gioco naturalmente. E poi Trintignant aveva una sua intensità interna, diciamo così... Paradossalmente, nonostante quello che sembra, può darsi che i ruoli reali siano questi. Ripeto, fatto salvo il finale.

Naturale, e toccando legno. Però alla fine è lei che fa il vice di Prodi. Lo so che ha appena detto che lei ama il gioco di squadra. Ma è proprio vero, insisto, che la cosa non le dispiace neanche un po'?

No. E dato che stiamo parlando di film voglio raccontarle un aneddoto. Tempo fa sono andato a prendere Alberto Sordi per portarlo alla festa del suo settantacinquesimo compleanno e gli ho ricordato quella meravigliosa sequenza di *Accadde al penitenziario* in cui viene arrestato perché, ubriaco, aveva rubato degli scampoli di stoffa. Viene portato in commissariato, si siede e un poliziotto lo interroga. Dopo un po' Alberto Sordi lo guarda e fa: «Scusi, ma lei chi è?». «Sono il vicecommissario.» «Ahhh, il vicecommissario, mi chiami il commissario. E che sto' a parlà col vice?» Ecco, per me la parola vice è sempre rimasta legata a questa scena. A parte gli scherzi è un gran bel lavoro, una grande ed entusiasmante esperienza, io lo faccio con grande piacere e sono contento di essere in questa posizione perché sono politicamente convinto che il ticket funzioni. Funziona perché si mescolano bene esperienze, culture, linguaggio e generazioni.

Senta, com'è Prodi di persona?

Intanto, una persona competente, cosa non frequentissima nella vita politica italiana. Poi, uno che sa. E che se non sa si informa. Altra cosa abbastanza rara. Uno che ascolta, terza cosa rara. E tanto ascolta che è andato in giro per l'Italia proprio per questo. Quarto: mi sono reso conto che Prodi ha un carattere politico molto forte. Dietro questa apparenza di giovialità, c'è un'identità politica forte.

E il suo lato debole?

Forse è la comunicazione.

Ma la sua debolezza risiede soprattutto, dicono i vostri avversari politici, in una parte rilevante della sua storia, il suo essere stato un boiardo di Stato durante la prima Repubblica.

No, quello no. Lui ha governato l'Iri in maniera assolutamente positiva e semmai i contrasti che ha avuto li ha avuti con il potere che dominava l'Italia in quegli anni. Il suo, ripeto, può essere un problema di comunicazione. Insomma, lui comunica in modo assolutamente antitetico rispetto a Berlusconi. Tanto Berlusconi è frasi generali, tono urlato, energia applicata alla politica, tanto Prodi è ragionamento, spiegazione, convincimento. Sono proprio caldo e freddo.

Allora, tanto per rimanere al caldo, ci dica quali sono i punti chiave del vostro programma. Ci convinca a votare per voi, se ci riesce.

Presenteremo due tipi di programma: un programma impegnativo, cioè un grande programma di governo dettagliato, categoria per categoria in modo che ciascun soggetto sociale possa sapere che cosa il centrosinistra vuole fare per lui. Poi, invece, un manifesto di dieci idee-forza.

Idee nuove

Le vogliamo citare?

Ci stiamo lavorando in questi giorni [al momento di chiudere il libro in tipografia, all'inizio di agosto 1995, *N.d.R.*], posso solo cercare di riassumerne alcune. Ma le posso anche dire che le nostre proposte verranno discusse e votate da centinaia di migliaia di persone che si riuniranno in vere e proprie «convenzioni di programma» in ogni collegio elettorale. Anche il metodo conta.

Va bene per il metodo. Ma per tornare alle vostre idee-forza?

Intanto, la prima idea-forza è quella delle pari opportunità. Questa è l'idea chiave. Diciamo anche che, per la cultura della sinistra, si tratta di un salto di qualità importante. Cerchiamo di creare delle condizioni di pari dignità fra tutti in modo tale che la selezione nella vita sia fondata sul merito, sul talento e sulle capacità e non sulle condizioni di classe originarie.

Questo è ancora uno slogan: concretamente che vuol dire?

Tante cose: significa ad esempio investire sul capitale umano. Questo è un paese che non ha mai scelto di promuovere il capitale umano. Pensi allo stato dell'istruzione o alla ricerca scientifica e tecnologica. Il capitale umano è la grande risorsa di una nazione. Come ha scritto Robert Reich, il guru dell'economia clintoniana, «i bilanci dello Stato, che determinano al contempo politiche e atteggiamenti, debbono riflettere l'importanza stategica del capitale umano. Quasi tutte le altre risorse - capitali finanziari, macchinari e apparecchiature, progetti e programmi - possono essere spostate da un angolo all'altro del pianeta. L'unica risorsa che rimane all'interno dei confini di una nazione è quella umana, la qual cosa comporta che gli investimenti pubblici nelle risorse umane... sono cruciali per favorire l'incremento della ricchezza nazionale». È il capitale umano, la ricchezza nazionale sulla quale l'Italia deve investire.

Ci dica adesso qual è la seconda idea-forza

La seconda idea-forza è quella di uno Stato leggero, non invadente, uno Stato che si propone di non essere impegnato in campi nei quali la sua presenza non è richiesta, non è necessaria, per i quali non ha vocazione né missione: in primo luogo l'economia.

Va bene, Stato leggero. È tutto?

No. Ci vuole uno Stato leggero, ma autorevole. Uno Stato, questa è un'altra cosa importante, e una pubblica amministrazione che siano *super partes*. La cosa che più spaventa della concezione della democrazia della destra, della sua concezione del sistema maggioritario, è l'idea che, dal presidente della Repubblica all'ultimo custode di scuola materna, tutti debbano stare o di qua o di là, tutti debbano fare una scelta. Secondo loro, il presidente della Repubblica non può essere al di sopra delle parti, deve acconsentire alle richieste della maggioranza di governo, altrimenti...

Altrimenti?

Altrimenti si chiede l'impeachment, altrimenti si fa tutto quello che è stato minacciato nei mesi passati. Io invece penso esattamente il contrario: la pubblica amministrazione è un servizio e non uno strumento, deve avere una neutralità assoluta, non deve rispondere a chi vince, deve rispondere ai cittadini. E questo significa anche – altra idea-forza – strutturare il paese con organizzazioni di difesa dei cittadini, dei consumatori, degli utenti dei pubblici servizi che siano analoghe a quelle che ci sono nei paesi civili, moderni e democratici più avanzati. Poi, sempre legato a questo aspetto c'è il problema della delegificazione.

Si spieghi meglio.

Dico che noi dobbiamo delegificare. In Italia ci sono centocinquantamila leggi, che si possono ragionevolmente ridurre a un terzo. Siamo l'unico paese in cui c'era persino la tassa sul motore dei frigoriferi degli alberghi. Noi abbiamo bisogno di delegificare e però di controllare le leggi che rimangono, di farle applicare, di fare in modo che la loro attuazione sia garantita. Inoltre, abbiamo bisogno di uno Stato costruito su un modello federale. Che cosa significa il federalismo? In primo luogo il federalismo fiscale. Nel giro di cinque anni, nel giro della prossima legislatura, noi siamo ragionevolmente in condizione di dislocare il 50 per cento del prelievo fiscale su scala regionale. Il che avrebbe tra l'altro un effetto molto forte nei confronti dell'evasione e dell'elusione, oggi conteggiabile in centocinquantamila miliardi.

Già, e con quale giustizia redistributiva tra regioni più ricche e regioni più povere? Chi garantisce l'eguaglianza di trattamento nei servizi tra un cittadino di una parte d'Italia e quello di un'altra parte?

Naturalmente, bisogna prevedere, come contrappeso, un fondo di solidarietà che serva a evitare che la distanza tra il Nord e il Sud aumenti in maniera pericolosa.

Finisce qui il vostro manifesto?

No. Noi promuoveremo anche l'innovazione tecnologica e la formazione. Sulla formazione, sulla scuola, abbiamo incentrato grandissima parte del nostro programma. La scuola italiana è una scuola che ha dentro di sé delle ingiustizie, delle iniquità assolutamente inaccettabili, davvero una scuola di classe. È una scuola nella quale la percentuale di abbandono dell'obbligo è elevatissima: solo quest'anno trentamila ragazzi. È altissimo il numero di persone che hanno solo la terza media: pensi, il 45 per cento del paese. C'è uno squilibrio tra l'Italia e gli altri paesi europei. Nel senso della qualità. Occorre competere con mano d'opera all'altezza. Nelle nostre università si insegna molto a dire. In quelle europee e americane, a dire e a fare. E poi c'è il tempo.

Che c'entra il tempo?

Sì, c'è il problema del tempo di lavoro, del tempo di vita. Molte aziende del Nord hanno già ridotto l'orario. La nuova condizione del mercato del lavoro e le tecnologie muteranno la rigidità in una doppia direzione: non esisterà più il lavoro ma i lavori, che cambieranno lungo il corso di un'esistenza. E poi, più che l'orario quotidiano, l'impegno produttivo richiederà l'assolvimento di una «missione» affidata, con la risorsa tempo che sarà sempre più governabile nel rapporto tra capitale e lavoro. Ma il tema dei tempi, che è la grande questione di un'umanità frenetica e sola, non si esaurisce nel lavoro. È l'organizzazione della società che deve essere ripensata, in funzione della necessità di restituire tempo alle persone: orari dei negozi e degli uffici, efficienza della burocrazia e apertura dei servizi sociali. C'è una ricca elaborazione dei movimenti delle donne in materia che è giunta fino a immaginare non solo di «ridurre tempo» ma anche di «offrire tempo». Attraverso, ad esempio, «banche del tempo» alle quali ciascun cittadino possa, se lo vuole, affidare quantità di ore disponibili per esperienze di solidarietà, volontariato, assistenza a chi ha di meno. Non sono sogni ma realtà già operanti in molti comuni italiani. No, non promettiamo ai cittadini di dar loro soldi, come nella pioggia finale di banconote nel *Milione* di René Clair. Ma tempo sì, certamente restituiremo tempo alle donne e agli uomini di questo paese. Restituendo possibilità di relazioni umane e di crescita culturale. Lo faremo con l'innovazione, la crescita economica e una politica mirata.

Quindi le vostre idee-forza sono?

Valorizzazione del capitale umano, pari opportunità, Stato leggero e delegificazione, pubblica amministrazione al di sopra delle parti, federalismo fiscale, scuola, formazione, ambiente, politica dei tempi e innovazione tecnologica.

Che cosa intende esattamente per innovazione tecnologica? A che cosa si riferisce?

Innovazione tecnologica significa che l'Italia deve fare la scelta delle grandi autostrade informatiche. E questa deve essere una delle occasioni perché il Mezzogiorno faccia il salto.

A proposito di Mezzogiorno, ha un'idea per risolverne i problemi che sia comprensibile e non retorica?

L'innovazione tecnologica, appunto. Il Mezzogiorno deve saltare una fase del suo sviluppo, quella dell'industrializzazione di tipo tradizionale e deve costituire delle isole di ricerca tecnologica avanzatissime. Questo naturalmente richiede tutto l'apparato di formazione collegato.

Non l'ho sentita finora citare uno dei più drammatici fattori di squilibrio del paese: la disoccupazione. Come mai?

Aspetti. Il problema del lavoro si affronta proprio attraverso l'innovazione. Noi prevediamo che innovazione tecnologica, formazione e ripresa economica saranno intrecciate: è anche l'unica terapia seria per l'occupazione. È noto, noi abbiamo una condizione dal punto di vista del lavoro di marcata diseguaglianza. Abbiamo un Nord sostanzialmente alla piena occupazione, con livelli di disoccupazione minori dei paesi europei, e un Sud alla disperazione. Se questa forbice si allarga, rischiamo di precipitare in una condizione di conflitto sociale e territoriale molto forte. Non c'è una sola terapia, sono necessari diversi interventi. In primo luogo bisogna liberare risorse di bilancio per investimenti produttivi, poi ci vuole l'adeguamento delle grandi infrastrutture e la formazione. E incentivi a chi fornisce occupazione, specie nei settori in espansione o strategici: come il turismo, la valorizzazione dei beni culturali o la difesa del territorio. Non dimentichiamo che è la disoccupazione, è la povertà, a generare le grandi rivolte, non Ambra Angiolini o i suoi programmi. Bisogna ricordarlo, bisogna ricordarsi - se posso citare un concetto forse meccanicamente deterministico di Carlo Marx - che l'essere sociale determina la coscienza.

Ahi! Ahi! Veltroni, ma che mi fa, si mette a citare Marx?

Be', aver letto Marx non è reato. Ancora.

Ma lei non aveva detto in una intervista di essere anticomunista, tanto da scatenare critiche e dileggio sul «manifesto»?

Ho detto una cosa diversa, che ripeto e confermo con assoluta convinzione. Ho detto che quando l'anticomunismo è stato difesa della democrazia e delle libertà individuali a fronte del comunismo realizzato, era l'anticomunismo ad aver ragione. Per essere ancora più chiari, tra i ragazzi della piazza Tien An Men e i carri armati del regime comunista io ero dalla parte dei ragazzi. Tra Solgenitsin e Breznev, ero per Solgenitsin. Quindi mi stupisco dello stupore. Il «manifesto» ha fatto una polemica prendendo lucciole per lanterne. Ha chiamato in causa gli operai uccisi a Modena negli anni Cinquanta dalla polizia e così li ha insultati, perché quegli operai non volevano togliere la libertà a nessuno, semmai volevano difenderla. Io so che in politica è rischioso usare il linguaggio della verità. So che esiste un diffuso doroteismo per il quale certe cose è più utile non dirle. Ma come risulterà chiaro da questo libro, la mia idea della politica e persino i riferimenti storici per me più importanti comportano il dovere, talvolta aspro, della chiarezza.

Torniamo alle idee-forza del vostro programma. C'è altro?

Ci sono ancora la questione ambientale e l'Europa. La prima è l'idea di uno sviluppo qualitativo e non solo quantitativo.

Un momento, che vuol dire esattamente?

Guardi, forse siamo nel tempo di un nuovo conflitto: quello fra la tecnosfera (la dimensione della produzione e della trasformazione tecnica delle risorse) e la biosfera. Ne possono discendere alterazioni drammatiche degli equilibri naturali. Esempio concreto: la capacità di assorbimento dei rifiuti della produzione e del consumo; la Convenzione di Rio ha indicato molte idee importanti. Ciò che è chiaro è che insieme alle norme di lotta all'inquinamento, si apre oggi un gigantesco problema di «conversione ecologica» dell'economia. Sapendo che la scelta di un'economia compatibile non è solo un sistema di vincoli. Ma ora è la creazione di mercati nuovi, di produzione di beni e di ricchezza che siano compatibili con l'equilibrio naturale.

E sull'Europa invece che cosa avete da dire?

Richiamiamo l'impegno a far rientrare l'Italia in Europa. Entro cinque anni, dobbiamo riportare l'Italia dentro lo Sme, dobbiamo riportare l'Italia nel cerchio dei paesi forti europei.

Cinque anni forse sono troppi, no?

È il tempo ragionevole. Noi dobbiamo iniziare il nuovo secolo nell'Europa. E con tutti i crismi. Dobbiamo rientrare nei vincoli di Maastricht e ciò comporterà una politica nuova nei confronti del debito pubblico. Ma non dimentichiamoci mai che quarantamila miliardi l'anno sono saltati solo per i litigi tra Berlusconi e i suoi compagni di governo. Ormai c'è un'interdipendenza tra politica e finanza tale che ogni instabilità produce un aggravamento della crisi. E allora noi abbiamo bisogno di governi stabili, abbiamo bisogno di tempo per affrontare i problemi di rientro dal debito, un rientro che non può avvenire in forma traumatica. Riassumendo, qual è l'idea di fondo della coalizione? L'idea di fondo è la crescita equa. Noi vogliamo che la società italiana cresca e che però, in questa espansione, non lasci a terra strati di popolazione debole. Il che non solo sarebbe immorale, ma anche incongruo economicamente perché, per dimensione e peso, questi strati possono incidere sulla vita collettiva del paese in termini di sicurezza e in termini di consumi. Quindi noi crediamo nella necessità della crescita giusta, della crescita umana. Una grande sfida, la stessa di tutte le culture democratiche più avanzate. Questo comporterà scelte dure, una concezione del governo come sfida la più alta possibile, con il dovere di dire dei no e non solo dei sì. Tutte cose che nella vita politica italiana sono state poco frequenti.

Lei ha appena detto che i litigi tra Berlusconi e i suoi sono co-

stati agli italiani quarantamila miliardi l'anno. Scusi, potrebbe spiegare dove ha preso quella cifra?

Quarantamila miliardi è la valutazione degli effetti che la crisi ha prodotto sui mercati finanziari, sul valore della moneta e dunque sui tassi di interesse, sul debito pubblico...

Ma come sarebbero calcolati questi quarantamila miliardi?

Statisticamente. È una cifra pubblica. Vuole che ne aggiunga un'altra? Nel giro di pochi anni, i tassi di interesse in Italia hanno raggiunto un dislivello di quattro punti rispetto alla Germania, a nostro sfavore ovviamente. Ricordiamo che il governo Ciampi aveva riportato gran parte di tutti questi indicatori dell'economia su valori positivi, il che dimostra che i governi possono operare bene, possono fare del bene all'economia. Purtroppo la fase di dissesto successiva, con il governo Berlusconi e poi l'incertezza politica, perché il governo Dini ha fatto bene ma è un governo precario, hanno aggravato la situazione. Questo paese è stato molto irriconoscente nei confronti di Carlo Azeglio Ciampi e del suo governo, che è stato il miglior governo della storia repubblicana. Vede, è la riprova che il buon governo scatena delle resistenze. Sarà mica per caso che quando governava Ciampi scoppiavano le bombe a Firenze e poi a Roma e a Milano? Si ricorda quella notte quando sembrava che venisse giù il mondo? Ecco, ci sono dei governi che danno fastidio. Il governo Ciampi era uno di questi perché aveva una ispirazione, una linea. Inoltre, Ciampi, per la considerazione personale in cui è tenuto all'estero, è uno degli uomini che ha riportato in alto il prestigio del paese. Tra Berlusconi che diceva facezie al G7 di Napoli e la competenza, lo stile, il rigore di Carlo Azeglio Ciampi, corrono due Italie diverse.

Se è per questo, anche Lamberto Dini è molto stimato all'estero...

Sì. Anche Dini. E gli effetti positivi si vedono. E, vorrei ricordarlo, il merito è, per larga parte, della maggioranza che ha sostenuto questo governo e si è assunta pesanti responsabilità. Ma il governo Ciampi è stato un gran governo, con contraddizioni certo, ma è stato un gran governo. D'altra parte, ripeto, un governo che si è trovato a operare con quel parlamento, delegittimato come si diceva; con una maggioranza che faceva acqua da tutte le parti; con una situazione economica per questo terribile; con l'attacco del terrorismo, è da ricordare come un governo per alcuni versi esemplare. Questo paese ha tenuto, anche grazie al fatto che i sindacati dei lavoratori e proprio i governi Dini e Ciampi hanno concluso due accordi storici: sulle pensioni e sul costo del lavoro.

Sarà proprio «Ulivo» il nome ufficiale?

Sì.

Cioè, sui cartelli, sui manifesti, sulle schede elettorali ci sarà scritto: «Ulivo»?

Sì, «Ulivo».

Come definisce il programma che ci ha delineato: socialdemocratico, liberaldemocratico, liberale o in un altro modo?

La definizione l'abbiamo data in questa conversazione: il programma della crescita giusta.

Sì, ma se volessimo usare una formula già conosciuta?

Guardi, queste formule sono tutte usurate. Se si è chiamato liberaldemocratico il programma di Berlusconi, io mi posso anche chiamare svizzero. Il nostro è il programma della crescita giusta. Ed è un programma che mette dentro le teorie politiche, la cultura politica del pensiero democratico occidentale. Mettiamola così. I programmi sono analoghi a quelli dei laburisti di Tony Blair e dei democratici di Bill Clinton. Vorrei dire una cosa difficile. Una cosa che va spiegata bene per non essere equivocati. La voglio dire perché la penso da tempo e, visto il carattere di questa conversazione, non mi sentirei in pace con la mia coscienza se non manifestassi questa convinzione. Credo che nel futuro di questo paese ci sarà un partito democratico. Non so se lo vedrò io o la generazione prossima. Non lo so perché non riesco a immaginare l'evoluzione del sistema politico italiano. Se si tornerà alla proporzionale i partiti si moltiplicheranno. Se si andrà invece avanti verso il bipolarismo vero sarà giocoforza immaginare e costruire due grandi formazioni politiche di centrodestra e centrosinistra. Le coalizioni sono un passaggio verso questo approdo. È difficile tenere insieme decine di partiti. Lo è, tanto più, per chi governa, deve scegliere, deve decidere. Lo so che le identità politiche in Italia sono forti, che c'è un secolo di storia a definirle. Infatti parlo di un processo lungo. Nessuno si allarmi, dunque. Nessuno pensi che parliamo di oggi o di domani. Credo che saranno le cose a spingere in questa direzione. Se il sistema istituzionale si definirà secondo uno schema di alternanza sarà impossibile non pensare a forme di unificazione degli schieramenti in parlamento e nelle assemblee elettive. Altrimenti l'alternativa è solo il «direttorio» dei partiti, una struttura, però, più da proporzionale che da maggioritario. Il tempo saprà consolidare intese programmatiche e persino sintonie di valori, tra culture diverse. Il Partito laburista o quello democratico americano racchiudono dentro di sé diverse anime, diverse culture. Esse si confrontano, si scontrano. Talvolta vincono le più radicali, talvolta le più liberali, un'altra volta ancora le più moderate. Penso che questo accadrà, nel nuovo secolo, anche in Italia. Nessuno dica: Veltroni propone il Partito democratico. Semmai è giusto dire che prevedo il Partito democratico.

Va bene. Non lo propone ma lo prevede. Ma, tornando al programma: quanta parte è farina del suo sacco?

La gran parte è farina del sacco di Romano Prodi.

Quanta parte realisticamente riuscirete a realizzare?

Questo è un programma realistico, ambizioso e realistico. Noi diciamo al paese quale è il punto di arrivo.

Appunto, ma per lo Stato leggero, ad esempio, campa cavallo...

Ma noi siamo sinceri e realisti. Non diciamo al paese che si tratterà di una passeggiata, diciamo al paese che cosa lasceremo al termine del nostro lavoro. Naturalmente a condizione che in parlamento e altrove ci sia un atteggiamento responsabile da parte delle opposizioni, che si consenta al governo di governare. Nelle città questo sta avvenendo: Bassolino e Rutelli credo che lasceranno alla fine delle città molto diverse da come le hanno trovate.

Non temete che le vostre parole d'ordine, per quanto interessanti, rischino di avere poca presa rispetto ad altre rozze ma più immediate, tipo «meno tasse», «tanti posti di lavoro», eccetera?

È una balla dire «meno tasse». Così com'è detta, gli italiani sanno che è una balla. Gli italiani sanno che il carico fiscale può essere ridotto, e anch'io dico meno tasse nel senso che...

Un momento: e perché non c'è nel vostro manifesto?

C'è ma è un programma, non una boutade.

Però le ricordo che sia Margaret Thatcher sia Ronald Reagan sono stati eletti su questa boutade.

Come no, come no. Anche George Bush diceva: «Read my lips, no more taxes» [«leggetemi le labbra, niente più tasse», *N.d.R.*], però poi ha aumentato le tasse. Chieda un po' in Inghilterra e in America quello che adesso stanno facendo i governi per cercare di mettere delle toppe al disastro sociale prodotto dal reaganismo e dal thatcherismo. Si può anche dire meno tasse, ma poi non lo si fa, perché è chiaro che non ci sono le condizioni per farlo. Si può anche praticare la demagogia del meno tasse, ma a condizione di lasciare nella povertà, soprattutto in un paese come l'Italia, milioni di persone.

Ha appena detto che nel vostro programma parlate della riduzione delle tasse a modo vostro. Ci spieghi, come dovrebbe funzionare?

Si può ridurre il carico fiscale, a condizione che ci sia un allargamento della base imponibile, a condizione che si paghi tutti le tasse. Certo, si può alleggerire la pressione, ci sono livelli di pressione fiscale, sul lavoro dipendente ma anche sul lavoro autonomo, che sono eccessivi. Ed esistono immense possibilità di semplificazione, e anche di divisione, del rapporto tra fisco e impresa, che oggi, paradossalmente, punisce il capitale di rischio e incentiva il debito. E queste cose vanno riviste. Mi sento di dire: «Pagate meno, pagate tutti». Ma perché ci sono proposte realistiche che confortano questa affermazione. Penso che adesso il paese sia ammaestrato, che non si fidi più di qualcuno che gli dice: «Ti tolgo le tasse, ti dò un milione di posti di lavoro, ti preparo il caffè tutte le mattine». Il paese, se lo posso dire, ha sbagliato una volta, non credo che sbaglierà più. Io vorrei che la destra italiana si cimentasse con noi sulle questioni di programma. Vede, Chirac, che pure ha compiuto un atto inaudito come la decisione di far esplodere la bomba nucleare sotterranea, sulla questione del lavoro adotta una terapia che sembra estratta dal programma di uno schieramento democratico. Mi sbaglierò, ma vedo una sorta di mutazione della destra. La destra italiana sta perdendo i suoi connotati di destra democratica, liberale, di tipo tradizionale.

Di chi parla, scusi?

Gliel'ho detto, della destra italiana. Ma anche di quella americana e anche della destra inglese, perché Redwood e Portillo che contestano Major da destra, hanno in testa un'altra cosa: pensano a una sorta di nazionalismo-populismo, antieuropeo. C'è stata la vicenda italiana che ha pesato, ha costituito un modello. Poi, naturalmente, il fatto che non c'è più il mondo separato in blocchi, che le terapie di fuoriuscita dalla crisi non sono più chiaramente definite come una volta...

Però questo che cosa dimostra? Che gli elettori si trovano ormai di fronte a due opzioni: da un lato c'è una scelta, di politica di cambiamento responsabile; dall'altro ci sono delle grandi avventure. Cosa sarebbe l'America in mano a Newt Gingrich? Cosa sarebbe l'Inghilterra in mano a Portillo? O l'Italia in mano a Fini e Berlusconi? Che tipo di garanzie avremmo intanto sui processi di integrazione europea, che sono necessari, se non altro se si vuole reggere la competizione con le due grandi potenze economiche del mondo, gli Stati Uniti e il Giappone?

E però si diceva anche: «Cosa sarà mai l'America in mano a un ex attore fallito?» E poi Reagan si è rivelato un grande presidente.

Sì, ma lì c'era una teoria economica. Reagan aveva una teoria economica, secondo me sbagliata, e che ha fatto versare sangue a molti milioni di americani, ma non era un populista, non era un nazionalista, non rappresentava quel tipo di destra lì, che non c'è mai stata prima. Questa destra è un prodotto dell'89. Mettiamola così: l'89 ha prodotto a sinistra una meditazione e un mutamento di tipo democratico, a destra una radicalizzazione.

Perché questo?

Perché evidentemente, a destra ci si è accorti che le terapie economiche applicate non funzionavano. Sono emerse con molta forza, tipiche di una fase di inquietudine, le culture da tempo di crisi ovvero i nazionalismi, come le rivolte contro gli immigrati o il razzismo, alle quali si cerca di dare una forma politica che non le sposi, naturalmente, ma che, in qualche misura, le racchiuda. E questa forma può essere, appunto, la pericolosa mistura di populismo e nazionalismo, di populismo economico e nazionalismo politico a cui stiamo assistendo

Oppure, tutto ciò non sarà dovuto al fatto che, come sosteneva Ralf Dahrendorf dopo l'89, dopo la chiusura dei conti con il socialismo reale, sarebbe giunta l'ora di farli sia con la socialdemocrazia che col capitalismo liberale? Cosa che in realtà non è avvenuta.

Certo. Noi siamo ancora nella transizione dal dopo '89, tutta l'Europa lo è. Gli equilibri dell'Europa, e forse non solo quelli, sono in una fase di transizione dolorosissima. Tutte le culture politiche, vorrei dire tutte le guide politiche, sono in crisi, non ce n'è una oggi che sia salda al comando, né di destra né di sinistra.

Comunque, per tornare al programma, lei sta affermando che non utilizzerete slogan facili nella vostra campagna elettorale. È così?

No, invece li utilizzeremo. Ma parleremo delle cose che potremo fare. Obbligo scolastico a 18 anni, si può fare; riduzione da 150.000 a 50.000 leggi, si può fare; innovazione tecnologica, portare nelle case di milioni di italiani le nuove tecnologie, si può fare; più lavoro e un fisco più giusto, si può fare. Utilizzeremo le parole semplici, gli obiettivi chiari per le cose praticabili, non racconteremo balle.

Se vincerete, lei farà il vicepresidente del Consiglio?

Con Prodi non ne abbiamo ancora parlato.

Non sarebbe il caso di pensarci?

Ne parleremo al momento opportuno, ma per ora dobbiamo vincere le elezioni. Credo che abbiamo costituito una buona squadra e qualche risultato lo abbiamo già ottenuto.

Continuerà a fare il direttore dell'«Unità»?

No. Se dovessi andare al governo sarebbe un caso da Minculpop.

C'è almeno una cosa su cui è in totale disaccordo con Prodi?

Lui è del Bologna.

Troppo facile. Provi ancora.

Se ci fossero differenze profonde non lavoreremmo insieme.

Le radici della Quercia

Torniamo un momento al Pds. Lei ha detto prima che le richieste da parte della base del partito di un suo impegno diretto la hanno più o meno obbligata a scendere in lizza. Si può dire che, come Berlusconi, anche lei ha bevuto l'amaro calice?

No, perché se vogliamo stare al gioco, vale con Petrolini il detto «non ci tengo e non ci tesi mai». L'ho fatto perché non potevo non farlo. Altrimenti si sarebbe confermata quella frase che venne attribuita a D'Alema, secondo la quale io sarei uno che non rischia. E invece sono uno che rischia, eccome. Sicuramente sono uno che rischia in politica, perché ho sempre detto delle cose eterodosse rispetto al mio tempo.

La frase è solo attribuita o D'Alema l'ha detta per davvero?

Non lo so.

Non glielo ha mai chiesto?

Sì, glielo ho chiesto e mi ha detto di non averla detta.

Ma lei non era il candidato di Occhetto?

Anche qui, so che ci si può non credere, ma in tutto quel mese e mezzo ho sentito Occhetto credo solo una volta. Ricordo ancora che lo chiamai dall'aeroporto di Cagliari perché mi aveva cercato lui. Per rispetto a lui e per rispetto a me stesso non ho mai voluto sapere quale fosse la sua opinione. O meglio: la conoscevo ma non ho mai voluto discuterla con lui.

Be', ha fatto di tutto perché venisse eletto lei, non lo sa?

Guardi, su questo si è fatta grande letteratura. No, francamente credo che gli uni e gli altri si siano equivalsi, io francamente non ho alzato il telefono per chiamare neanche una persona. Non c'è un italiano che possa dire di aver avuto da me una telefonata in cui io dicessi: «Sostienimi, dammi una mano».

Be', questo riguarda lei. Ma ciò non toglie che altri possano aver fatto esattamente ciò che lei non ha fatto in prima persona.

Ma è stato tutto molto più semplice di quanto sembra. E molto meno drammatico. Occhetto ha detto che avrebbe preferito me come segretario e gli sembrava che io fossi più in sintonia con le ragioni della svolta. Non ho mai considerato che questo fosse un insulto perché Occhetto aveva qualche ragione di rivendicare un suo ruolo in questo partito nelle vicende successive alla svolta.

A proposito di Occhetto, non lo avete scaricato troppo bruscamente?

No. Mettiamola così. Occhetto ha sofferto molto, umanamente e politicamente. E a me pare che non si possa passare frettolosamente su questa sofferenza. Questa sofferenza è comprensibile e, per quanto mi riguarda, giustificabile se si ha la percezione di che cosa è stato quel momento lì, cioè l'89. Che cosa è stata la solitudine di Occhetto, la solitudine della decisione, che cosa è stato anche per tutti noi. Ricordo che il giorno dopo la Bolognina venne Giampaolo Pansa a farmi un'intervista sulla svolta e io con la coda dell'occhio vedevo al telegiornale un militante del Pci che piangeva perché avevamo strappato le radici. Noi abbiamo cambiato nome, strategia e simbolo a un partito che era da settant'anni nella storia italiana, per la cui bandiera erano morte migliaia di persone, per il quale molte persone avevano pagato prezzi personali altissimi di emarginazione nelle fabbriche, di botte della polizia: una grande avventura umana. Questo gruppo di giovani dirigenti improvvisamente decideva che milioni di persone dovevano cambiare tutto, c'era da far tremare le vene e i polsi. Io credo che nella storia della politica italiana non ci sia un fatto di questa dimensione, come libera scelta non c'è.

Ma guardi che qui non c'è quasi più nessun partito che si chiami come prima.

Ci sono stati partiti che sono stati costretti a cambiare. Noi abbiamo certo tenuto conto della caduta del muro di Berlino, ma paradossalmente avremmo anche potuto ritardare la decisione. E infatti, quanti sono stati quelli che ci hanno detto: «Perché non prendete più tempo? Discutiamo, facciamo un convegno, un seminario». Era una reazione tipica delle discussioni nel Pci in questi casi. Invece noi ci siamo caricati sulle spalle un macigno, e lo abbiamo portato correndo. Abbiamo girato tutta l'Italia, nelle assemblee di sezione, in quelle di federazione. Siamo andati a discutere, a litigare, a sentirci insultare. Sembrava che avessimo tradito. Qualcuno ci ha detto che avevamo tradito. Ricorderò per tutta la vita l'espressione di Achille il giorno che entrai nella sua stanza mentre sotto Botteghe Oscure c'erano alcuni che prendevano a calci la macchina di Luciano Lama. Sono cose che nella vita di una persona rimangono come ferite micidiali. E Occhetto è quello che ha sopportato il peso maggiore. Penso che adesso, da questo punto di vista, noi possiamo dormire sereni. Io non dormirei sereno, oggi, se mi accorgessi di non aver avuto, magari per opportunismo, il coraggio di dire di sì a quella scelta. Però quella scelta l'aveva fatta Occhetto. Sinceramente non sono in grado di dire, se Occhetto ci avesse chiesto: «Lo faccio o non lo faccio?» cosa gli avremmo consigliato. Francamente non sono in grado di dire se avremmo avuto lo stesso coraggio che ha avuto lui. E penso che il Pds debba essergliene grato.

Anche di aver rifiutato di partecipare all'ultimo congresso?

Occhetto ha compiuto errori, errori di gestione, di governo del partito, di reazione alle sue dimissioni, si è chiuso in un atteggiamento di fastidio e anche di contrapposizione. Però il giudizio storico e politico su quello che ha fatto ci deve portare a dire che, se noi oggi possiamo competere per il governo del paese, una parte decisiva del merito è anche di quella persona, che oggi vive in una condizione di solitudine un po' rabbiosa che certo non dà serenità a lui e neanche a noi.

Va bene, reitero la domanda: non lo avete scaricato un po' troppo bruscamente?

Avrei preferito che lui fosse eletto presidente del partito, però non c'erano allora le condizioni per farlo. E tuttavia, faticosamente, un ruolo in qualche misura adatto alle sue caratteristiche, quello di vicepresidente del partito europeo, si è definito. Ma non basta, io spero che Occhetto torni pienamente nella vita politica del paese.

D'altra parte gli è capitato quello che pochissimo tempo prima aveva fatto lui a Natta, non è vero?

Ma no, la bottegologia, come viene chiamata, racconta anche delle grandi trame romanzesche... Io, poi, quella fase l'ho vissuta di meno perché ero più... Ero in seconda fila.

Natta però, anche se, da gentiluomo all'antica qual è, non ha mai voluto lamentarsi apertamente, non sembrò pensare che fossero solo trame da romanzo. Poveretto, era persino ammalato.

Però... Natta era una persona di qualità, io ho un grande affetto per Alessandro Natta. È uno che ha detto che sarebbe stato meglio che non facessi io il segretario del Pds e che lo facesse D'Alema, ma davvero gli voglio bene perché è una persona di grandissimo livello e di statura morale straordinaria. Sono andato a trovarlo recentemente a casa sua, a Imperia, sono salito nella sua casetta, abbiamo fatto una lunga chiacchierata. Lui ha con me un rapporto molto simpatico, mi considera un po' eterogeneo rispetto alla sua tradizione, e su questo non posso dargli torto. Ma c'è fra noi un rapporto di rispetto, di stima e forse anche di affetto. Però è vero che è stato bene per il Pci cambiare segretario in quel momento. Forse il modo, come sempre succede in questi casi, non è stato il migliore. Per cambiare segretario, secondo la mia esperienza, non c'è mai un modo bello. Soprattutto in un partito in cui i segretari, una volta, si cambiavano solo a piedi in avanti. Invece noi siamo riusciti a laicizzare questo passaggio traumatico e penso che anche questo sia un merito.

Ci spieghi bene questa teoria secondo la quale D'Alema sarebbe più adatto a gestire il partito e lei, invece, a fare l'uomo di frontiera.

È così. Penso che le nostre caratteristiche personali siano meglio valorizzate in due ruoli diversi. Penso che il mio possa essere più naturalmente un ruolo di frontiera e di interlocuzione con l'esterno e quello di Massimo possa essere un ruolo di guida intelligente del partito.

Ma qual è la spiegazione di questa divisione di ruoli: che D'Alema ha il baffo e la faccia da antipatico e lei invece piace alle mamme, è così?

È strano, D'Alema sembra antipatico, poi in fondo se ci stai insieme, è molto meno duro e cinico di quanto sembra.

Sì, questo è quello che dicono quanti lo conoscono da vicino, il problema però è: perché risulta antipatico?

Ma perché ha una forma di comunicazione molto dura, molto severa, un po' sprezzante nei confronti degli altri e questo non aiuta. Se riuscisse ad arrotondare un po' la sua immagine credo che gli gioverebbe perché ormai la sua politica gli consente di avere un'immagine meno dura.

Certo che prendersela con tutti i giornalisti, come ha fatto di recente, non lo aiuterà ad arrotondarsi. Non mi pare una mossa tatticamente molto saggia. Dal suo punto di vista, voglio dire, mica per difendere la categoria.

Sa, lì è sbottato e ha detto delle cose dure... Ma, al di là di questo, io penso che noi giornalisti dobbiamo fare una riflessione su noi stessi, perché purtroppo il circuito dell'informazione è diventato un circuito molto drogato: siamo portatori di notizie che non esistono e le sbattiamo in prima pagina. Recentemente ho proposto un codice, non una legge ma un codice tra noi, una regola etica tra di noi, per cui se non hai un pezzo di carta che ti conferma una notizia, non la metti in apertura di giornale. Per esempio, prendiamo le voci dell'arresto di Di Pietro, apertura di tutti i giornali italiani del mese di luglio 1995. Che cos'era? Ho chiesto al caporedattore: c'è un'agenzia? No. C'è un atto segretato dei pubblici ministeri? No. C'è almeno una carta di un corvo? No. Che cosa c'è? Voci. Eh, ma voci così non esistono. Con voci così non si danno le notizie o si danno con estrema prudenza.

Una volta era la regola.

Ma ora la regola si è perduta. Adesso siamo tutti in una situazione paradossale. C'è un elemento di cinismo applicato all'informazione che non fa bene all'informazione. E noi che la facciamo dobbiamo sempre ricordarci che maneggiamo materiale esplosivo, pericoloso, che un nostro titolo può ammazzare. Io non mi dimentico il fatto che noi abbiamo fatto del male a delle persone, noi giornalisti. Ricordiamoci quando abbiamo sbattuto sulle prime pagine di tutti i giornali il mostro di Milano, parlando di un padre che aveva violentato una bambina e poi si è scoperto che non era vero, che quella bambina aveva delle emorragie perché aveva un tumore e da lì a poco sarebbe morta. Pensiamo a quanto è spregiudicata la nostra professione. Per noi un titolo sono tante battute sulla tastiera di un computer. Per una persona che legge un giornale in cui si fa il suo nome, il titolo può essere una pietra tombale. Credo che ogni tanto ce ne dovremmo ricordare. E ricordarci che esiste un altro giornalismo. Un esempio è il lavoro su Ustica di Andrea Purgatori e altri. Sì, esistono due giornalismi diversi: c'è il giornalismo un po' sempliciotto che piglia e sbatte in prima pagina e poi c'è il giornalismo di quelli che lavorano come talpe, che passano i loro mesi a cercare, parlare, consultare, andare negli archivi. E vivaddio c'è ancora! E se sappiamo qualcosa di più su Ustica, lo dobbiamo al lavoro di gente come Purgatori; se sappiamo qualcosa di più su altri grandi misteri italiani lo dobbiamo a gente come loro. Quello è un giornalismo che va coltivato, è un giornalismo scomodo, io lo dico anche da direttore. Quando ti arriva un giornalista che fa quel mestiere lì e ti dice una cosa che secondo lui è importantissima ma che nella tua gerarchia non lo è, tu magari non accompagni il suo sforzo, il suo lavoro. Ecco, quelli sono fior di giornalisti. Naturalmente a condizione che neanche loro abbiano tesi preconcette ma che cerchino solo la verità, per quanto scomoda e difficile possa essere.

Ma torniamo a voi. Anche lei, in gioventù, lanciava bottiglie molotov, come ha raccontato di sé D'Alema?

Nessuno è perfetto. Io non ne ho mai lanciate, semmai ho rischiato di prenderne qualcuna. Una molotov può far male, molto. Ma D'Alema ha citato quell'episodio come un errore del tempo giovanile. Non certo come biglietto da visita verso la società civile.

Abbiamo detto che D'Alema ha il problema dell'antipatia, lei invece è felice di piacere?

Non lo so. Ho sentito un sondaggio di Piepoli secondo il quale vengo considerato marito ideale, figlio perfetto, fratello... sembra che abbia le caratteristiche di quelli che si vorrebbero avere in casa. Non vorrei diventare come un gatto, però. Non lo so, vedo che alla gente sono simpatico. Diciamo pure che la gente che mi ferma ha un'opinione non negativa su di me. Ma non è questo che fa la qualità di un uomo politico. La qualità di un uomo politico la si vede nell'intelligenza e nella preveggenza delle cose che dice, nel coraggio con il quale assume le decisioni. Ci possono essere bravissimi politici antipatici e cattivi politici troppo simpatici.

L'equivoco Berlusconi

Ha dichiarato che lei e D'Alema siete complementari. Se ci aggiungiamo anche Prodi, vuol dire che dovete mettervi in tre per battere un Berlusconi?

No, basta Prodi per battere Berlusconi. Basta Prodi con la coalizione che lo sostiene. Noi diamo una mano ma è Prodi che deve battere Berlusconi, è lui che lo batterà.

A proposito di Berlusconi, qual è la definizione che le pare più calzante?

Un gigantesco equivoco. Per il quale può valere la frase di Ennio Flaiano: «Ogni successo è un malinteso».

Lei che è un tifoso oltre che un appassionato di calcio è d'accordo sull'uso della frase «scendere in campo» entrata in politica insieme a Berlusconi?

No, no, sono espressioni da gergo della politica. Purtroppo la politica è specialista nell'inventare gerghi, nell'inventare linguaggi cifrati, nell'inventare parole la cui comprensibilità è nulla. Questa è una cosa che mi fa impazzire. Si sentono parlare degli uomini politici in televisione, oggi come ieri, e la possibilità di comprendere di che cosa si stia parlando è pressoché vicina allo zero. La costruzione della frase, la scelta delle parole, spesso è fatta con l'obiettivo di far comprendere il meno possibile, perché il vero interlocutore non è lo spettatore, ma il mondo politico, i giornalisti. Quindi io sto facendo finta di parlare a un pubblico, e invece parlo a un altro, parlo alla cerchia degli addetti ai lavori. Mando una comunicazione subliminale.

Ma che c'entra questo con Berlusconi?

No, no. Con questo Berlusconi non c'entra, lui va dritto all'obiettivo. Tanto è vero che quando lui interveniva in parlamento e alla fine i miei colleghi dicevano: «Ha fatto pietà», io pensavo: certo in parlamento ha fatto pietà. Ma in televisione? Che effetto ha avuto sulla casalinga? Perché parlava proprio a lei. Solo che parlava il linguaggio degli incantatori. Berlusconi applica alla politica lo stesso linguaggio che Vanna Marchi applica alla vendita degli unguenti miracolosi.

Salvo il fatto che lui, dicono, è molto più bravo a vendere. Perfino di Vanna Marchi.

Ma guardi che Vanna Marchi ha venduto a centinaia di migliaia di italiani delle pozioni francamente non miracolose. Quindi anche lei deve avere i suoi numeri. Infatti usa lo stesso tipo di linguaggio: roboante, sicuro, urlato e vuoto come una bolla d'aria. E invece il linguaggio della politica deve essere pesato bene. Ma si sbaglierebbe a pensare che sia solo folklore quando Berlusconi, nei momenti di esaltazione, si paragona a Gesù e a Noè. Berlusconi è un problema serio per il paese. Vuole governare l'Italia ma non ha, come si è dimostrato, le capacità per farlo. Sarebbe come incaricare un pilota di ciclomotore di guidare, improvvisamente, un Jumbo 747. Per governare occorre esperienza, conoscenza, capacità. Berlusconi è un uomo di potere, non un uomo di Stato. Per questo confonde costantemente gli interessi pubblici con quelli privati. E, lo dico per inciso, quando si candida alla presidenza del Consiglio, bluffa. Quando ottenne l'incarico, dopo il 27 marzo '94, nello scambio di lettere con il presidente della Repubblica si impegnò a risolvere il conflitto di interessi. A un anno di distanza siamo sempre al punto di partenza. Non sarà il 20 per cento venduto a una cordata amica la soluzione del problema. La domanda è una sola: chi controlla la Fininvest? Finché il suo cognome corrisponderà alla risposta a questa domanda, Berlusconi non potrà essere presidente del Consiglio. Come lui stesso ammise quando incaricò i tre saggi.

Ci sono alcuni protagonisti del campo avverso, il presidente della Fininvest Fedele Confalonieri è uno di questi, che quando possono parlano bene di lei. Questo le fa piacere o la mette in imbarazzo?

La cosa non mi imbarazza né mi gratifica. Considero il rispetto dell'avversario una cosa naturale: semmai mi pare grave quando non c'è. E capita spesso.

Qualcuno ha scritto che tempo fa ad Arcore la sua foto veniva mostrata agli uomini di Forza Italia come quella del nemico da battere. È vero?

È vero il fatto, sono sbagliati i riferimenti. Non si trattava di Forza Italia e non avveniva poco tempo fa. Era qualche anno fa, doveva essere il '90, a una riunione, credo, dei dirigenti Fininvest. Vennero mostrate sullo schermo le diapositive mie e di Eugenio Scalfari, indicati come i nemici da battere. Me lo raccontarono persone che parteciparono all'incontro. L'ho detto in diverse interviste e non sono mai stato smentito, quindi temo che sia vero. Devo dire che in seguito ho avuto molti segni che loro hanno lavorato in questa direzione.

Per lei, l'ossessione dell'accerchiamento che divora Berlusconi, il suo vedere nemici dappertutto, da che cosa dipendono?

Berlusconi può essere solo contro, non può essere per. Berlusconi è forte se ha un nemico da sconfiggere, se ha qualcosa da costruire è debolissimo.

Ci sono alcuni, che lo avversano, che però lo trovano molto simpatico? Lei che ne pensa?

Francamente non è il tipo di persona che mi è simpatica.

Intende dire che le è antipatico?

Neanche. Riconosco che ha una sua verve, una sua dose di effervescenza, ma non è il tipo di persona per la quale userei l'aggettivo simpatico.

Ride o piange ogni volta che lui usa la metafora dei cosacchi, cioè fa riferimento alla paura dei comunisti?

Ma rido, cosa vuole. Non si può far altro che ridere. Ormai è un argomento un po'...

Usurato?

Lui è come quei personaggi che ripetono sempre la stessa cosa.

Quindi pensa che nella prossima campagna elettorale ritirerà fuori lo stesso armamentario ideologico?

Penso che ormai sia sempre più grottesco.

Siamo precisi: lei ritiene che l'anticomunismo non valga più come argomento contro di voi?

Sconsiglierei di usarlo, nel senso che mi pare abbastanza consumato come argomento, anche perché l'ha usato contro tutti: da Montanelli a Prodi. Chiunque non la pensava come lui era un comunista. Nel corso di una conferenza stampa ha detto: «La riprova che sono tutti comunisti la si ha dal fatto che entrando nella stanza di Veltroni c'è il ritratto di Togliatti». Dopodiché Gianni Letta gli ha tirato la giacca e gli ha detto: «Non è Togliatti, è Berlinguer». E lui ha ribattuto: «Togliatti o Berlinguer, sempre comunisti». Il mondo in cui vive è come quello dei bambini che hanno gli orchi negli incubi. Lui vede comunisti che non ci sono più.

Ma ci crede o lo fa apposta?

Lo fa apposta, e forse i comunisti compaiono davvero come suoi fantasmi. Invece il paradosso è che i comunisti che ci sono gli piacciono tantissimo.

A chi si riferisce, a Rifondazione?

Sì. Perché quello è il prototipo di avversario che lui vorrebbe avere. La sinistra rumorosa che non pone il problema del governo del paese.

Senta, Veltroni, al di là del caso Berlusconi, dell'antitrust e dei conflitti di interesse, quale dovrebbe essere a suo parere il ruolo della televisione commerciale in Italia?

Fare televisione finalmente libera. Fare televisione intelligente, fare televisione diversa, non inseguire un solo modello, né culturale né di palinsesto. Il che oggi davvero non è. Alla Fininvest lavorano molte persone capaci e però sono come cavalli frenati, bisogna lasciargli un po' la briglia. Non credo di fare torto se dico che i programmi della Fininvest che rimarranno nella storia della televisione si contano sulle dita di una mano.

Per esempio?

Mi viene in mente *Mai dire goal*; posso persino spingermi a *Paperissima* con tutti i suoi cloni. Mi viene in mente *Emilio*, un programma divertente. Certo ci sono telefilm e telenovelas. Ma quanto a produzioni Fininvest ho già finito.

Via, così poco?

La più riuscita invenzione della Fininvest è stata la sua strategia del palinsesto, cioè l'idea di rompere l'equilibrio informazione-educazione-spettacolo e trasversalizzare tutto: ogni genere si intreccia agli altri. L'idea di rendere il consumo intrinseco alla televisione, di mutare gli interlocutori, di non rivolgersi più allo spettatore, ma al consumatore al quale offrire un prodotto i cui tempi di fruizione erano scanditi su una nuova tecnologia: il telecomando.

Grande intuizione, dunque?

Grande intuizione. Questa è una grande intuizione, una cosa che ha cambiato la televisione. Aggiungo che tra i programmi memorabili della Fininvest non ho citato il Tg4 di Emilio Fede. Ed è un errore perché quello sì che resterà nella storia della televisione. Gliel'ho anche detto. Una sera da Santoro gli ho detto che lui era uscito dalla cronaca ed era entrato nel mito e lui se l'è rivenduto in un'intervista, come se fosse vero. Fede è strepitoso, è una specie di ispettore Clouseau dell'informazione italiana, con meno simpatia – perché l'ispettore Clouseau era molto simpatico – e con un po' più di violenza. Però, nella storia della televisione mondiale non si era mai visto un direttore di telegiornale che faceva appello agli spettatori perché accendessero un cero per il presidente del Consiglio che si stava per dimettere. Emilio Fede è una pietra miliare del berlusconismo.

Lei ha criticato e attaccato pesantemente Letizia Moratti e l'attuale consiglio di amministrazione della Rai, che però, a questo punto, sembrano aver ottenuto buoni risultati operativi. Non ha niente da rimproverarsi?

No, francamente no. I risultati economici sono buoni anche perché il lavoro era stato ben impostato da parte del consiglio di amministrazione precedente, i famosi e tanto bistrattati professori. Sono contento che la Rai abbia un bilancio positivo dal punto di vista economico: ma rimane un bilancio molto negativo dal punto di vista della qualità dei programmi e dell'obiettività della sua informazione.

Con chi ce l'ha in maniera più precisa?

Non ce l'ho con qualcuno in particolare. Mi pare che sia stata fatta una scelta al ribasso e se ne paghino i prezzi

Qui, però, bisogna precisare.

Insomma, ad esempio il Tg2 lo hanno diretto Andrea Barbato e Paolo Garimberti. O Antonio Ghirelli di fronte al quale, professionalmente, tanto di cappello. Non mi pare che siamo in linea con questo livello professionale.

Perché, lei chi ci metterebbe a dirigere i tigì?

Penso che i direttori dei telegiornali debbano essere o i direttori dei maggiori giornali o dei grandi giornalisti televisivi. Credo che sia sbagliato andare per vie laterali. A me sarebbe piaciuto vedere un telegiornale diretto da Enzo Biagi, che peraltro lo ha fatto in altri tempi... O uno diretto da Scalfari, da Mauro, da Mieli o da Valentini o da Gad Lerner. O ancor meglio, perché conosce il mezzo, da Furio Colombo.

Però, il Tg1 di Carlo Rossella mi pare che abbia ottenuto risultati lusinghieri.

Infatti io il nome di Carlo Rossella non l'ho fatto, anche se posso non condividere le idee politiche del suo telegiornale. Ma dal punto di vista del curriculum professionale, nulla da dire. Rossella fa un telegiornale «molto popolare», però i risultati numerici ci sono. Ma non basta, io non sono di quelli che misurano la qualità di un telegiornale sulla base di quanti ascoltatori ha, perché certo è un criterio di valutazione ma non può essere l'unico. Credo che sarebbe bene alzare un po' la cifra professionale. Sa qual è la mia idea sulla Rai? Io penso che la Rai debba essere sganciata dal sistema maggioritario, debba essere messa in una zona di riserva della democrazia, come la Banca d'Italia.

Questa è bella: e come si fa?

Abbandoniamo l'idea che chi vince le elezioni si prende tutta la Rai. Perché questo porta alla distruzione. Adesso cambierà di nuovo il servizio pubblico. Ogni anno cambiano i direttori, i vicedirettori. Tra l'altro in questo modo si moltiplicano in maniera eccessiva le carriere direttive dentro l'azienda.

Lei non ha minimamente citato il Tg3 di Daniela Brancati, che pure è di area pidiessina.

Intanto non so se la Brancati sia di area pidiessina.

No?

Non lo so, sul serio. Nel senso che è sicuramente una donna di area democratica ma non credo che possa essere definita in altro modo. Viene da Videomusic. Prima di Videomusic stava a «Repubblica». Prima di «Repubblica», nel 1979-80 credo, lavorava a una rivista del Pci. Ma sa, pure Giuliano Ferrara stava nel Pci nel '79-80, questo di per sé non vuol dire.

Io comunque parlavo del Tg3. Non vorrà negare che viene dato ancora in quota al Pds.

Sì, perché il Tg3 è storicamente, e credo che questo sia difficile negarlo, un telegiornale con una forte vocazione a un giornalismo critico, con orientamento politico rivolto verso un'area democratica di sinistra, questo non è mai stato nascosto da nessuno.

Complimenti, un ottimo understatement per Telekabul.

Ma guardi che dire Telekabul era una stupidaggine. Telekabul era un'invenzione di Ugo Intini [responsabile dell'informazione nella direzione socialista durante l'era Craxi, *N.d.R.*], quando c'era la guerra del Golfo. Fatto sta che, per paradosso della storia, di tutte le truppe italiane che sono andate in Iraq gli unici prigionieri iracheni li ha fatti una troupe del pacifista Tg3.

E comunque, il suo direttore e inventore Sandro Curzi era, ed è, un signor giornalista. Pur con tutte le sue faziosità, dal punto di vista del fiuto della notizia lui non si discute.

Va bene, Curzi è bravo. Allora è quello il suo modello di telegiornale?

Se dovessi dire quali sono i miei modelli di telegiornale, il mio preferito è il telegiornale che inaugurò la fascia oraria delle 13 e 30 nel 1968-69, non so se lo ricorda. Era quel telegiornale che facevano dai «banchi della conduzione» Andrea Barbato, Piero Angela, Ennio Mastrostefano, Maurizio Barendson, Nuccio Fava, Alberto La Volpe e tanti altri. Ecco, quello è il mio modello di telegiornale. Così come lo è stato l'approfondimento quotidiano che Biagi faceva con *Linea diretta*.

Due intellettuali di origini e orientamenti politici diversi, Umberto Eco e Giovanni Sartori, sono pessimisti sul ruolo della televisione. Uno parla di futuri schiavi del video; l'altro di «homo videns» e di telecrazia. Lei sembra invece più ottimista, è così?

Le persone che ha citato sono tra coloro che, in Italia, alimentano il dibattito delle idee con maggiore ricchezza. E tuttavia io penso che non si possa dire di un elettrodomestico che è dannoso. La lavatrice è stata dannosa? No. È stato dannoso il frigorifero? No. La televisione è un elettrodomestico, non dobbiamo mai dimenticarcelo. È un apparecchio che si mette dentro casa e che funziona. Naturalmente ha una diversità rispetto alla lavatrice, nonostante io abbia ogni tanto visto persone che si sedevano davanti all'oblò della lavatrice, se il televisore non funzionava. Sto scherzando. Però la battuta sull'elettrodomestico serve a dire che il problema è il sistema televisivo, il sistema comunicativo, il governo delle regole. È inevitabile che la quantità di immagini delle quali ciascuna persona avrà bisogno crescerà, non diminuirà, col tempo. C'è un grande problema di libertà di scelta, il vero problema della televisione è questo. La frontiera di una cultura democratica applicata al governo dell'offerta televisiva sta esattamente nella libertà di scelta. Voglio richiamare un'affermazione di Furio Colombo che, a proposito del tema del suo libro *Ultime notizie sul giornalismo* dice: «Il giornalismo è alla fine di un periodo. È arrivato alla fase finale perché c'è un salto clamoroso di tecnologia. Questo salto clamoroso di tecnologia è simile a un altro periodo. C'è un momento infatti in cui il mondo ha cominciato freneticamente a viaggiare ed è diventato disponibile prima attraverso i piroscafi, poi attraverso gli aerei, un'infinità di mondo che prima non era disponibile. Allora in analogia a ciò che è accaduto all'esplorazione fisica del mondo c'è stato prima stordimento, poi euforia, poi contentezza, poi un grande senso dell'esotico, infine una più realistica percezione delle cose». E poi aggiunge Colombo: «Adesso siamo nella condizione che le agenzie di viaggio ci pianificano il migliore dei viaggi possibili». Noi dobbiamo fare questa duplice operazione: da un lato aumentare la libertà di scelta, dall'altro far crescere, e qui torniamo alla questione dell'educazione, la soglia della consapevolezza critica, in modo tale che l'agenzia di viaggi che c'è dentro di noi possa organizzare, ogni volta che accende la televisione, il migliore dei viaggi possibili, quello più corrispondente ai propri desideri e alle proprie possibilità.

Aspetti. Mettiamo le cose in questi termini. Eco e Sartori dicono, semplifico: la mistura di televisione e politica così come è oggi in Italia è pericolosa. Lei è d'accordo con loro su questo o no?

Sì, sono d'accordo. La televisione oggi, per quello che vediamo, quello che ci entra dentro casa, è abbastanza insulsa, ma questo è un problema di regole del gioco e di qualità. Non è un problema che possa essere affrontato in termini di giudizio generale.

Vuol dire che non è legato alla natura del mezzo?

Diciamoci la verità. Ripensiamo a quando qualche anno fa l'Italia si trasformava in una grande piazza televisiva. In fondo RaiTre, della quale faccio l'elogio, perché è stata la migliore rete televisiva della storia italiana, migliore come quantità di invenzione, è stata un grande laboratorio.

Che fa, l'elogio di Angelo Guglielmi?

Faccio l'elogio di Guglielmi e di tutti quelli che hanno lavorato a RaiTre. Hanno inventato televisione, perché la televisione è un oggetto che deve essere inventato e invece viene solo duplicato. La televisione produce cloni invece di produrre idee. Non c'è ricerca scientifica applicata alla televisione. RaiTre ha fatto ricerca scientifica, così come ha fatto, per altri versi, Minoli. Giovanni Minoli avrà pure dei difetti, però fa ricerca scientifica applicata alla televisione: ogni volta che c'è un suo programma c'è un'idea, un linguaggio nuovo, qualcosa di mai visto prima. Lo stesso è successo per Piero Angela con *Quark*. Il terremoto italiano, se lo si vorrà capire, lo si potrà capire molto più facilmente guardando *Samarcanda* che leggendo saggi. Si dice che *Samarcanda* sia stato un agente moltiplicatore della crisi. È vero, può darsi. Però ha interpretato la temperatura del paese e questo è uno dei compiti della televisione.

Lei mi sembra in contraddizione. Di solito se la prende con l'informazione strillata. Se c'è stata un'informazione strillata questa è stata proprio quella di Samarcanda.

Sì, ma lì era la realtà che strillava, non era l'informazione. Cioè il paese aveva perso completamente ogni freno inibitorio, per cui era diventato una specie di gigantesca girandola. Ha presente il finale di *Blues Brothers*, quando tutte le macchine vanno a sbattere e si crea un pandemonio disumano? Ecco, così è stata l'Italia per molti anni. Non la si poteva raccontare che così. L'idea di applicare uno schemino, di mettere i merletti, le crinoline a una realtà tumultuosa, di disoccupati, di Tangentopoli, non stava né in cielo né in terra. Poi si può dire, si può dire sul serio, che *Samarcanda* non ha sufficientemente contribuito a combattere anche gli aspetti deteriori di questo fenomeno. Detto questo, è una testimonianza assolutamente unica. È questa la funzione della televisione. La televisione non deve avere una funzione pedagogica, deve intelligentemente testimoniare, e questo vale per la qualità della televisione. Il vero problema è la possibilità di scelta ed è il know-how critico per leggerla. C'è un bellissimo libro che parla di lettura della televisione, di Lastrego e Testa, che insegna ai bambini a leggere la televisione. O il libro di Calabrese e Volli sui telegiornali. Sarebbe bene che di questi libri si parlasse molto.

È vero che lei è il capo del partito Rai?

No, non è vero, però è vero che io a questa azienda

ci tengo molto. Un po' per ragioni di sangue, perché la storia di mio padre è legata alla sua fondazione, un po' perché la Rai è stata una delle poche cose pubbliche di questo paese che ha funzionato. Perché tra tutti i suoi difetti e le sue contraddizioni quando nel mondo si diceva televisione pubblica, si diceva Bbc e Rai, non si diceva altro. E la Rai, nella storia della cultura di questo paese, rimane come riferimento fondamentale. La Rai ha prodotto *Prova d'orchestra* di Fellini e *La strategia del ragno* di Bertolucci. La Rai ha fatto conoscere a milioni di italiani *I promessi sposi*, l'*Odissea*, l'*Iliade*, *I fratelli Karamazov*, insomma è stato un grande intellettuale collettivo. Se questo paese ha imparato a leggere e a scrivere lo deve al maestro Alberto Manzi, oggi sindaco di uno schieramento progressista e di centrosinistra, tanto quanto alla scolarizzazione di massa.

Al maestro Manzi e a Sandro Bolchi.

Sandro Bolchi, Anton Giulio Majano, certo, sono stati grandi divulgatori, grandi cervelli.

E lo spettacolo?

Dal punto di vista dell'educazione del paese, la Rai ha fatto di più attraverso questo tipo di suggestioni che attraverso lo spettacolo. Certo, c'era spettacolo intelligentissimo, perché da *Un due tre* di Tognazzi e Vianello a *Quelli della domenica* di Villaggio e Cochi e Renato, passando per *Studio uno* e *Canzonissima* erano tutti spettacoli di primissimo ordine. Insomma i testi delle storielle che raccontava Walter Chiari potrebbero essere pubblicati. Adesso tu accendi il televisore e vedi l'imitazione di Rosy Bindi o quella di Sgarbi. Vuol dire che la televisione ha premuto il pulsante dell'autodistruzione.

Probabilmente ha fagocitato se stessa.

Sì, divora se stessa. È lei stessa *Blob*.

Quindi se non è lei il capo del partito Rai, allora chi è?

Non sono il capo anche nel senso che non c'è un partito. Ma se mi si chiede se credo che la Rai debba avere un grande futuro e debba essere un'azienda centrale nello sviluppo dell'industria della comunicazione in Italia rispondo assolutamente di sì.

In viaggio verso l'alternanza

Tornando a Berlusconi, non le sembra che ci sia davvero un eccesso di ostilità nei suoi confronti da parte del paese che non sta con lui? Nell'opinione pubblica di sinistra non c'è stata una esagerazione nell'antiberlusconismo?

C'è un atteggiamento pregiudiziale, ma in questo caso l'espressione pregiudiziale non suoni di condanna, nel senso che c'è una parte del paese che ritiene che Berlusconi abbia idee e comportamenti pericolosi. Poi c'è stata una delusione, c'è una parte del paese che ha creduto in Berlusconi ed è stata delusa, delusa perché i comportamenti di Berlusconi non erano quelli che corrispondevano alle sue promesse. Il combinato di questi due elementi ha creato obiettivamente una condizione di grande difficoltà politica per Berlusconi, di cui le elezioni amministrative sono state la manifestazione più alta.

Mi spiega perché sul fronte giudiziario siete diventati tutti «garantisti» a destra come a sinistra?

Certo. Il garantismo è un carattere indissolubilmente legato alla identità di una cultura come quella della sinistra. La sinistra non può che essere garantista. Io sono contento di aver combattuto, nel 1981, una battaglia, purtroppo perduta, per l'abolizione dell'ergastolo. Una cultura garantista non può accettare che la reclusione sia la vendetta dello Stato nei confronti del reo, perché questa è davvero una concezione che appartiene alla destra, non alla sinistra. Altrimenti, andando avanti così, si può ritenere che sia giusta la pena di morte. C'è stato un eccesso di carcerazione preventiva in Italia? Sì, c'è stato un eccesso di carcerazione preventiva ma non parlo solo dei reati di Tangentopoli. Io vedo che un ragazzo si fa due anni in carcere per un reato comune e poi si scopre che quello che lo aveva chiamato in causa aveva mentito. La vita di quel ragazzo non sarà più la stessa. Sua figlia ha perso per due anni suo padre, innocente. Questo non è un fatto astratto, è un dato della realtà e come tale deve essere considerato. La carcerazione preventiva deve essere un'eccezione; prendere un uomo alle cinque di mattina e sbatterlo in galera significa distruggere la sua esistenza e bisogna farlo solo nel caso in cui le indagini rischino di essere davvero pregiudicate. Purtroppo in Italia si è abbondato nel tempo dell'emergenza. Mi interessa più il futuro del passato. Certo, il passato pesa sulla vita di chi l'ha sofferto, ma ormai nessuno glielo restituisce. Mi interessa il futuro, mi interessa che questo paese esca da una condizione di emergenza.

Quindi lei dice che la svolta garantista del Pds del luglio 1995 non è stata un prezzo da pagare alla normalizzazione preelettorale con la destra. Saranno felici di sentirla i procuratori d'Italia.

Mi ascolti. Io dirigo un giornale sul quale il tema della carcerazione preventiva è stato posto ripetute volte. È stato posto dal giudice Giovanni Palombarini, è stato posto da Furio Colombo, da Enrico Deaglio a proposito del caso Contrada, lo abbiamo posto con interviste, cioè è un tema che è parte di noi. Naturalmente finora ho parlato della prima metà della mela. La seconda metà della mela è la seguente: una cosa è dire quello che ho appena detto, una cosa è invece scagliarsi contro i giudici, far loro la guerra. Io credo che l'autonomia dei giudici debba essere difesa, che il giudizio storico su quello che hanno fatto i giudici debba essere assolutamente positivo. Questo paese ha cominciato a cambiare, ha messo dentro di sé degli antidoti forti ai suoi difetti anche grazie al coraggio di tanti magistrati, che sono stati poi oggetto di attacchi molto duri. La soluzione del problema non può essere il ridimensionamento della magistratura italiana. Certo, la politica deve tornare a svolgere il suo compito, non deve lasciar fare le proprie scelte alla magistratura. Però la magistratura deve essere lasciata in pace. Ripeto: la politica deve fare un passo indietro, ognuno deve svolgere il suo compito. La magistratura non deve dettare alla politica quello che deve fare e viceversa la politica non deve usare le azioni della magistratura strumentalmente. Quindi regolamentazione dell'uso della carcerazione preventiva e difesa dell'autonomia della magistratura, il che poi significa concretamente contrarietà a mettere la carriera dei pubblici ministeri sotto il controllo dell'esecutivo. Poi c'è il terzo aspetto. La terza questione è la soluzione di Tangentopoli. Quale è la vera soluzione di Tangentopoli? Ci sarà una soluzione processuale, che verrà vista, che sarà esaminata dalla coscienza collettiva del paese, ma per l'Italia la soluzione vera è far sì che Tangentopoli non si ripeta. E questo che cosa significa? Significa che questo paese tre anni dopo l'esplosione di Tangentopoli non ha fatto ancora una legge per la riforma del finanziamento pubblico ai partiti; non ha fatto una legge organica per gli appalti; non ha fatto una legge per separare i pubblici amministratori dalla gestione della cosa pubblica, né per disciplinare il rapporto tra lobby e decisione politica. Ecco la lezione che la politica deve trarre da Tangentopoli. Dobbiamo diventare un paese in cui l'etica pubblica sia un principio, diventi un valore. Altrimenti non ci sarà stata nessuna conclusione della vicenda di Tangentopoli.

Però c'è un altro aspetto della questione legata alla carcerazione preventiva: uno è l'ambito di Tangentopoli, l'altro è quello dei processi di mafia. In via di principio, se si è, come civiltà vuole, garantisti, si deve esserlo con tutti, anche con i peggiori criminali. Questa è la forza e la superiorità dello Stato di diritto. E però, in questo modo, rischiamo di tornare a vedere – anzi sta già succedendo – mafiosi che escono di prigione su cavilli; verdetti rovesciati; boss che gestiscono tranquillamente i propri traffici dalla galera. Insomma, come si concilia il garantismo con l'emergenza mafia?

È vero. Ci deve essere un equilibrio tra le due esigenze. Comunque i casi di carcerazione preventiva di cui stiamo parlando riguardano tutti persone che non hanno ammazzato nessuno.

Però ricordo che alcuni nell'ex maggioranza di destra del Polo facevano perfino campagna contro l'articolo del codice che consente la messa in isolamento dei boss più pericolosi, uno strumento fondamentale, che volle il giudice Falcone, per impedir loro di continuare a dettar legge all'esterno.

Be', quelli sbagliano. Io perlomeno non sono d'accordo. Penso che finché l'emergenza mafiosa e camorristica e della 'ndrangheta esiste, si debba lasciare, su quel tipo di reati, ai giudici di misurare il grado di congruità tra le esigenze di difesa del diritto della persona e gli elementi di pericolosità sociale. Non c'è nessun altro che possa stabilirlo se non la responsabilità etica di un giudice o di un magistrato.

Per tornare invece agli altri reati?

Considero la legge sulla custodia cautelare che è stata approvata una legge buona, una legge giusta. Quindi da questo punto di vista, se anche sulla questione della giustizia noi riuscissimo a reintrodurre un elemento di razionalità non vociante, sarà un bene in primo luogo per la giustizia.

A proposito di razionalità vociante, voi del centrosinistra sembrate assai rissosi. Come mai?

Dice rissosi tra di noi?

Sì, le componenti sembrano spesso in rissa fra loro.

C'è una clausola di garanzia in questa alleanza. Tutti

quanti sanno quello che si diceva prima: stavolta o si vince tutti o si perde tutti.

Vogliamo vedere più chiaro nel vostro arcipelago di sigle? Ci spieghi chi è chi.

Le identità forti di questa alleanza sono la sinistra democratica fatta dal Pds, dai laburisti, dai cristianosociali, da una parte della Rete, dai comunisti unitari. Poi c'è l'identità delle forze ambientaliste, i Verdi, che sarebbe sbagliato schiacciare solo sulla sinistra, perché la loro è un'identità autonoma. Infine, c'è il centro cattolico e laico, ovvero il Partito popolare, il Patto di Segni, le forze di Alleanza democratico-repubblicana, i liberali... Queste sono le tre culture alla cui insegna è sorta l'alleanza di centrosinistra. Che vi possa essere agonismo programmatico non vi è nulla di male, l'importante è che ci sia poi la capacità di accettare la sintesi che fa la coalizione. La coalizione è il cemento di questa identità.

Ma Bossi è un vostro alleato oppure no?

Può essere. Ma solo se Bossi abbandonerà il secessionismo: Bossi ha fondato un movimento importante, quello della Lega, dandogli un'identità. Poi ha fatto un errore. Secondo me un gravissimo errore è stato quello dell'alleanza con la destra, perché quella è stata un'alleanza contro, si sono messi d'accordo solo perché non doveva governare la sinistra. Il giorno che hanno dovuto governare si sono sciolti come neve al sole.

La natura della Lega è quella di un partito più di destra o più di sinistra?

Ma chi lo sa. Ho visto, per esempio, che nelle elezioni amministrative gli elettori della Lega al ballottaggio hanno votato molto volentieri per gli elettori del centrosinistra.

Non sarà che hanno rivotato contro?

Contro Berlusconi? No, non credo, non solo, forse sì, forse c'è anche questa componente. Ma non mi pare che sia preponderante... Mi pare che nell'esperienza di vita parlamentare che c'è attorno al governo Dini sia maturata una coesione molto forte tra il gruppo della Lega e gli altri gruppi. Perché quando ci si occupa di programmi, allora diventa un po' meno agevole fare il guastafeste, perché se poi c'è una sintonia sui programmi allora si trovano dei punti di convergenza reali. Bossi è un uomo politico certamente coraggioso. È una presenza eccentrica rispetto a una vita politica fatta tutta di frasi che hanno almeno tre o quattro significati diversi. Lui dice due cose, quasi sempre diverse a seconda del giorno in cui le dice, però segue un suo filo, basta afferrarlo quel filo.

Ma secondo lei che cosa farà alle elezioni? E come la mettete con l'agitazione secessionista?

Tutto è possibile. Ma a una condizione. Che Bossi smetta di usare l'idea del «secessionismo», della rottura dell'unità nazionale. Se la Lega è su quella linea, non ci sarà nessuna intesa di nessun tipo. Va ricordato che la destra non esitò ad allearsi con un Bossi che diceva le stesse cose, che a Pontida lanciava proclami di separazione del paese. Noi non lo faremo. Se la Lega recupera la sua identità e la sua «missione» – introdurre il federalismo in Italia – sa che in noi troverà alleati seri. Non so cosa voglia fare alle elezioni. Io penso che Bossi abbia il bisogno di riaffermare l'identità del suo movimento. Tanto è vero che ha sofferto con la destra e immagino che se noi lo cooptassimo puramente e semplicemente nella coalizione di centrosinistra, soffrirebbe altrettanto. È un movimento molto geloso della sua identità, la cui valorizzazione è anche interesse nostro. Credo, tuttavia, che Bossi sia consapevole che in uno scontro politico fortemente concentrato tra la destra e il centrosinistra, andare da soli significhi fare la fine del centro alle elezioni del 27 marzo, cioè portare in parlamento pochi eletti. E significa anche il rischio di far vincere la destra. E questo, francamente, penso che Bossi non lo voglia, anche perché temo che la vendetta nei suoi confronti sarebbe micidiale.

E Rifondazione invece che fa, il convitato di pietra?

No, Rifondazione ha fatto una scelta strategica. Rifondazione vuole essere la forza dell'opposizione dura al governo, dell'opposizione che rappresenta il disagio sociale. Quasi viene il dubbio che voglia non riscattarlo questo disagio sociale, essendo una delle ragioni del suo consenso. Noi a Rifondazione abbiamo detto, e su questo siamo d'accordo, che non c'è nessun accordo programmatico possibile. Non possiamo rifare un'alleanza programmatica con chi è, su tutte le grandi questioni, in una posizione molto diversa dalla nostra. Quello che si può immaginare è verificare la possibilità di un accordo di tipo elettorale, che consenta di raggiungere due diversi obiettivi: Rifondazione comunista vuole salvaguardare la sua identità, ed è una questione; noi vogliamo avere una maggioranza autonoma in parlamento, ed è una seconda questione. Vediamo se sarà possibile trovare una soluzione come la «desistenza» elettorale.

Ma senza Lega e Rifondazione non vincerete mai. Come pensate di fare se loro non ci stanno?

Non è vero. Il centrosinistra può vincere anche da solo. Non dimentichiamo che il centrosinistra governa quasi tutta l'Italia.

Senta, ma secondo lei Bertinotti, quando insiste con le sue dichiarazioni sui Bot, sulla patrimoniale, lo fa apposta per mettere voi in difficoltà e guadagnare spazio a sinistra, oppure crede davvero che sia giusto?

Bertinotti è così, è sempre stato così, una persona intelligente, simpatica, colta, però su posizioni politiche con le quali non si fa molta strada, con le quali si finisce regolarmente in minoranza. Certe volte io ho pensato che Bertinotti avesse più interesse politico alla sconfitta della sinistra piuttosto che alla sua vittoria. Certo, ci ho pensato dopo il 27 marzo. E prima del 27 marzo in campagna elettorale: quelle uscite erano fatte per evitare che la sinistra vincesse. Se è così si tratta davvero della sindrome Tafazzi della sinistra italiana.

Che sindrome sarebbe, scusi?

Sa, Tafazzi, quel personaggio di *Mai dire goal*, che passa sempre di corsa dandosi, beato, bottigliate sui testicoli.

Che effetto le fa sentir dire che i comunisti sono altri?

Nessuno. È vero.

Va bene, Veltroni. Allora convinca in poche parole il centro, i suoi alleati verdi, popolari, pattisti eccetera che il Pds non li vuole egemonizzare.

Ma il Pds non ha alcun interesse a egemonizzarli, perché se li egemonizza perde, perdiamo le elezioni e quindi perde il Pds. Questa deve essere l'alleanza del limite, cioè il Pds deve sapere che non rappresenta tutta la sinistra, la sinistra deve sapere che non rappresenta tutta la coalizione, il centrosinistra deve sapere che deve andare a pescare nel quarto cerchio, quello degli elettori di centro che hanno votato per la destra. Se ciascuno di noi avrà consapevolezza di questi limiti, allora potremo metterci in condizione di conquistare la maggioranza degli elettori. E dovremo guardare anche all'astensionismo cercando di recuperare sfiducia e disillusione.

Che fine ha fatto il concetto di egemonia che era tanto caro ai comunisti?

L'egemonia era forza più consenso, secondo lo schema gramsciano. Oggi in politica è rimasto il consenso, la ricerca del consenso.

Nel libro di Giuseppe Fiori su Berlusconi, Il venditore, *si dice che la Fininvest ha egemonizzato culturalmente l'ultimo decennio della società italiana. Lei che ne pensa?*

È vero. È stato l'agente fondamentale. Io ho sempre pensato che fosse molto più intrusivo nel formarsi dell'opinione pubblica, che so, *Dallas* piuttosto che Emilio Fede.

Secondo lei che cos'è che i suoi critici rimproverano davvero alla presidenza di Scalfaro?

Gli rimproverano di non essersi schierato con chi ha vinto le elezioni, ma se lo avesse fatto avrebbe tradito la Costituzione.

In prospettiva come vede il ruolo del presidente della Repubblica?

Come lo ha esercitato fin qui. Io penso che quando il paese girerà la testa e guarderà indietro a questi anni di polvere e di tumulto, quando vedrà la gigantesca confusione che avremo a quel punto lasciato alle nostre spalle, potrà essere molto grato al senso di equilibrio e alla responsabilità di un uomo come Scalfaro. Se non ci fosse stato Scalfaro, il paese sarebbe probabilmente slittato verso una deriva di grande pericolosità. Con durezza, con carattere, con equilibrio, Scalfaro ha governato passaggi molto difficili.

Ma c'è o non c'è un partito del presidente?

Non ci deve essere un partito del presidente, non deve esistere un partito del presidente.

Quindi c'è o non c'è?

Non c'è, non esiste. Non avrebbe ragione di esistere. Il partito del presidente è il paese.

La Costituzione secondo lei è sacra?

Sì, ma non inviolabile.

Quindi si può cambiare?

Ci vuole una grande innovazione. La seconda parte,

quella che riguarda la forma del governo e dello Stato, dev'essere cambiata.

Nel vostro programma si parla di cambiamenti della Costituzione?

Sì, ci saranno aspetti di mutamenti costituzionali.

Li può citare?

Alcuni riguardano il federalismo, per esempio. Quella è una questione che investe direttamente la forma dello Stato.

Cioè il federalismo fiscale?

Il federalismo fiscale. E poi in generale il decentramento dei poteri, cioè il trasferimento dei poteri dal centro alle regioni.

Di quali poteri?

I poteri di intervento su molte materie che sono oggi attribuite come indirizzo a ministeri, dai Lavori pubblici ad altro; ci sono molti poteri che possono essere trasferiti, competenze sull'ambiente, competenze sulla scuola.

Ma avete una lista precisa di proposte?

Sì, sì.

Ci può dire quali sono?

Guardi, l'idea è quella del «governo più vicino». Cioè il cittadino deve sentire la prossimità degli organismi che decidono su materie che non necessariamente investano scelte politiche nazionali. C'è la proposta di legge di Vincenzo Visco che prevede la competenza esclusiva delle regioni nella promozione dello sviluppo economico regionale e settoriale, nelle scelte urbanistiche e di assetto del territorio, nella sanità, nell'assistenza, nella formazione professionale, nel sistema dei trasporti e nei lavori pubblici regionali. E poi, per tutto ciò che riguarda le politiche dei beni culturali e la promozione del turismo. Una vera rivoluzione che muterebbe, a monte, l'assetto dell'amministrazione nazionale e, a valle, il modo di essere delle regioni. Ma l'attribuzione di poteri richiede anche una riforma dei meccanismi di finanziamento degli enti locali. Il cardine di questa innovazione dovrebbe essere garantito dall'intreccio tra l'autonomia di decisione degli enti locali e la loro responsabilizzazione nella gestione del bilancio. Ciò comporta in primo luogo una revisione, senza alterazione della pressione fiscale sul cittadino, dei meccanismi di prelievo dei tributi. Cioè decentramento, razionalizzazione, abolizione di una miriade di tasse inutili.

Molti, e tra questi Berlusconi, vorrebbero il presidenzialismo, come in Francia o come negli Stati Uniti. O anche in forme inedite. Voi dell'Ulivo invece lo rifiutate. Che cosa c'è che non va nella formula?

Il presidenzialismo, in verità, è una formula istituzionale assai poco praticata nelle democrazie moderne. Fu il Sudamerica a conoscere, in modo diffuso, quest'esperienza. Essa produsse instabilità e vere e proprie crisi democratiche. Prendendo ad esempio l'Argentina, gli autori Linz e Valenzuela scrivono, nel volume *Il fallimento del presidenzialismo*: «Le rigidità del presidenzialismo ebbero un ruolo significativo nel far sì che il gioco politico fosse ‘‘impossibile’’, vale a dire un gioco che impediva il consolidarsi di una vitale democrazia».

Ma perché mi parla dell'Argentina? Provi con gli Stati Uniti.

Ma il presidenzialismo degli Stati Uniti nasce da una lunga tradizione democratica e si fonda sul principio basilare della «separazione dei poteri». Atterriamo in Italia. Cosa accadrebbe se, *hic et nunc*, si aggiungesse il presidenzialismo, nella forma berlusconiana della concentrazione in un'unica figura del capo dello Stato e del governo, allo squilibrio dei poteri esistenti? In questo caso, il rischio di regime sarebbe assai forte e, con esso, il rischio di «collasso della democrazia». Noi abbiamo bisogno di un sistema di tipo europeo con un governo forte e un parlamento forte. Sono convinto che si debba articolare meglio l'architettura del potere politico in Italia. Più potere di decisione al governo, più potere di controllo al parlamento, più poteri alle regioni.

Allora, ci spieghi, quale sistema elettorale preferisce?

Il maggioritario a doppio turno. Sono per la designazione del premier, a una condizione però, che prima si siano fatte le regole del gioco dell'informazione; si sia sancita l'autonomia della magistratura; si sia affermato il ruolo del parlamento. A quel punto credo sia necessario un sistema a doppio turno con designazione del presidente del Consiglio, magari nella forma del cancellierato. Anche con l'istituto della sfiducia costruttiva, quella che impedisce che un governo possa cadere se non ce n'è un altro pronto. I sistemi europei funzionano così.

Questa è una scelta della vostra coalizione o una sua posizione personale?

È una posizione di molti.

Eppure ci sono molti che vorrebbero, invece, tornare al proporzionale.

Sui sistemi elettorali non si possono dare giudizi di valore, non esiste un sistema elettorale buono e uno cattivo. I sistemi elettorali sono come i vestiti: uno deve guardare che stagione fa fuori e poi deve decidere il vestito che si mette.

E il «mattarellum», come ironicamente Giovanni Sartori definisce il nostro sistema elettorale, che vestito è?

Quello è l'unico vestito inadatto a tutte le stagioni.

Quindi lo dobbiamo cambiare?

Va assolutamente cambiato perché garantisce l'ingovernabilità invece di garantire la governabilità, cosa, per un sistema maggioritario, abbastanza paradossale. Ma nella scelta del sistema elettorale, che, appunto, è come un vestito, uno deve decidere che stagione è. Se è inverno deve uscire con un vestito invernale, ovvero se un paese ha bisogno di stabilità si deve dare un sistema maggioritario vero; se è estate, cioè se un paese ha bisogno di rappresentatività e di pluralismo di punti di vista, sceglie il sistema proporzionale. Ma in questo momento in Italia l'idea di tornare al proporzionale sarebbe un suicidio.

Ma non è che si può cambiare vestito istituzionale a seconda della contingenza politica.

La legge elettorale non per caso è una legge ordinaria, si fa con una votazione ordinaria, perché i costituenti saggiamente hanno pensato che questo dovesse essere uno degli strumenti che la politica si dava in relazione all'evoluzione della situazione. Ma l'idea di tornare al proporzionale non è pensabile. Non possiamo tornare ai tempi nei quali un partito del 3 per cento si svegliava la mattina e siccome aveva una divisione interna metteva in crisi un governo. Né è pensabile tornare nelle amministrazioni locali ai vari Ghini di Tacco, alle rendite di posizione. Tornare a quell'universo lì significherebbe non aver capito nulla di quello che è successo in Italia. Noi dobbiamo completare la navigazione, non tornare al punto di partenza. Il nostro approdo è un sistema maggioritario a due turni con designazione del presidente del Consiglio. È questo lo strumento attraverso il quale in Italia si potrà fare l'alternanza. Governo io per cinque anni e tu ti prepari a sostituirmi. O viceversa.

Non sembra, però, che i vostri avversari politici siano molto disposti a trattare su questo.

Intanto questo è singolare e dico ciò, a proposito di ribaltoni, perché ci sono i ribaltoni di schieramento ma ci sono anche i ribaltoni di contenuto. Mica l'ho scritto io il programma di Forza Italia. Ebbene, in quel programma c'era scritto: doppio turno. Comunque, vedremo, perché ora sono posizioni di chi pensa di vincere le elezioni con questo sistema elettorale. Io credo che i sistemi elettorali si debbano fare per aiutare il paese, non per vincere le elezioni. E in questo momento l'Italia ha un grande bisogno di stabilità.

Non ci sarà stata un po' troppa fretta nel varare l'attuale riforma elettorale?

Dice il «mattarellum»? No, credo che abbiamo avuto poco coraggio, non troppa fretta. Bisognava fare di più, non di meno. Bisognava fare il sistema a doppio turno, io sono tra quelli che allora lo dissero nel nostro dibattito interno e rimango di quell'idea, cioè il sistema a doppio turno è l'unica garanzia di stabilità, dato il sistema politico italiano. Non per caso noi rischiamo di avere il terzo scioglimento anticipato della legislatura se andremo alle elezioni con il «mattarellum» e non ci sarà maggioranza.

E allora che cosa si può fare?

Questo è un problema generale del paese. Guardi le cose stanno così: ci sono due velocità, una è la velocità del paese, che cambia molto rapidamente; una è la velocità della politica. La politica ci mette tre anni a fare una legge e quando la legge è finita è già cambiato tutto. Questo è un aspetto centrale della questione della riforma elettorale, della riforma istituzionale: bisogna avere un governo in grado di poter assumere le proprie decisioni, di far valere la propria politica. Per questo bisogna dare strumenti di controllo e di garanzia all'opposizione, ma il governo deve poter fare la sua politica, deve poterne rispondere al paese. L'unica cosa che non può accadere è che un governo eletto su una base programmatica poi non possa in parlamento far valere quel programma, perché questa sarebbe la peggiore delle beffe.

Volevo dire che il lavoro parlamentare è reso accidentato anche dalla organizzazione del parlamento, dal bicameralismo.

Infatti quello è un altro problema. Il bicameralismo è un problema serio. Una Camera che deve passare tre volte una legge, è una cosa che non sta né in cielo né in terra. Anche lì, semplificazione. Io sono anche per ipotesi più drastiche: riduzione del numero dei parlamentari, differenziazione della funzione tra Camera e Senato: il secondo potrebbe diventare la Camera del federalismo e delle regioni, la prima potrebbe diventare la Camera legislativa nazionale. Il paese deve correre, l'Italia deve correre.

Per fare tutto questo ci vorrebbe un governo costituente. È questo che volete?

No, magari una fase costituente. Io penso che non ci sarebbe nulla di male se nel prossimo parlamento si istituisse, prendendo a base i dati proporzionali, una commissione incaricata di rivedere la Costituzione. Credo sia nell'interesse di tutti, adesso che il sistema è maggioritario, trovare gli elementi d'intesa.

Qui c'è la proposta di Sergio Romano che da tempo predica la necessità di eleggere una assemblea costituente.

È un'ipotesi suggestiva ma i costituzionalisti esprimono molte perplessità.

Torniamo alla televisione. Era proprio necessario combattere nell'agosto '90 la guerra della Mammì, visto che dobbiamo rifare tutto da capo?

Sì. Vivaddio che l'abbiamo fatta. Era non solo necessaria ma profetica. Quella battaglia fu una battaglia giusta, una battaglia moderna, una battaglia fatta in nome di concetti liberali dell'informazione; quella legge era una pessima legge, è stato il punto più alto di cessione di sovranità delle istituzioni repubblicane a poteri esterni. Il potere di un imprenditore che riusciva a condizionare il parlamento. Insomma, adesso la memoria ha cancellato tutto, ma il governo Andreotti ha fatto dimettere cinque ministri pur di porre la fiducia su un emendamento che creava problemi al magazzino della Fininvest. Siccome Mattarella e Martinazzoli e altri non ci stavano si dovettero dimettere. E Berlusconi addirittura annunciò che sarebbe stata posta la fiducia, dieci giorni prima che questa effettivamente fosse posta. Proprio come succede negli Stati a democrazia debole. Per fortuna abbiamo fatto quella battaglia, anzi mi dispiace che non ci sia stata una mobilitazione ancora più ampia.

Il problema è che il risultato fu una legge pessima.

Lo so bene. Loro erano la maggioranza e noi non avevamo altri strumenti se non quelli che abbiamo usato. Noi, per esempio, ponemmo la pregiudiziale di costituzionalità e facemmo una battaglia contro la costituzionalità di quella legge. Ora la Corte costituzionale ne ha decretato l'incostituzionalità. Quindi avevamo ragione noi e avevano torto quelli che l'avevano sostenuta.

E la guerra dei referendum era necessaria?

No, non era necessaria. I referendum sono stati promossi in un momento della vita del paese in cui c'era il governo Berlusconi, quando si immaginava che il governo in carica non avrebbe affrontato in nessun modo la legge Mammì. Io non ho partecipato alla campagna di promozione di quei referendum ma vorrei anche che non si buttasse la croce sui compagni, sulle persone che li hanno promossi perché lo hanno fatto mossi da una ragione giusta: combattere una battaglia contro il trust dell'informazione. L'errore è stato fatto dopo, è stato fatto quando non si è ascoltata la sentenza della Corte costituzionale che decretava l'incostituzionalità. A quel punto bisognava trovare il modo di ritenere raggiunto il risultato.

Ma chi l'ha fatto l'errore?

Errore collettivo. Io, per mia parte, avanzai un'ipotesi di soluzione con quell'articolo su «Repubblica» che poi suscitò il dibattito con Confalonieri. Però ci sono stati anche fondamentalismi referendari, così come ci sono stati soprattutto i fondamentalismi di chi a destra non voleva la trattativa. E soprattutto non l'ha voluta quando è caduta la *par condicio*, consentendo a Berlusconi di sparare con tutte le bocche da fuoco e quindi di fare una campagna elettorale assolutamente semplificata. Perché Berlusconi era in una condizione ottimale, caduta la *par condicio*. Lui poteva fare una campagna elettorale con potenze di fuoco 100 a 1. Inoltre, era diversa la qualità del fuoco: lui mandava in televisione Raimondo Vianello o Iva Zanicchi a dire: «Ci spengono, vi tolgono la televisione»; noi dovevamo fare discorsi complicatissimi sul fatto che non spegnevamo ma accendevamo... Un confronto assolutamente ineguale. E poi dovremmo sapere che, ogni volta che appare punitiva, la sinistra perde.

Lui avrà pure mandato Iva Zanicchi e Raimondo Vianello, ma dall'altra parte non si sono visti Veltroni o Prodi o D'Alema.

No, si sono anche visti ma non c'era competizione.

Allora diciamo che avevano poca voglia di apparire.

Il risultato purtroppo era scontato. Ne ero sicuro. Nonostante ciò sono anche andato a partecipare a una manifestazione nella quale mi sono trovato ad ascoltare un simpatico complessino che intonava: «El pueblo unido jamas serà vencido», e lì ho capito che si preparava la sconfitta.

Dunque il mancato accordo sui referendum è la sua prima, vera, grande sconfitta politica?

Ma forse sì. La ritengo una sconfitta. Naturalmente sono le sconfitte che patisce chi sa che c'era una via per evitare una sconfitta ben maggiore.

E la sconfitta del sì al referendum? È una sua sconfitta?

Quella francamente no. Quella è una sconfitta collettiva. Io avevo individuato una soluzione politica che rispondeva ai quesiti referendari.

La vogliamo ricordare?

Prevedeva due reti per soggetto con possibilità di passaggio alle nuove tecnologie. Perché, vede, il vero problema italiano non è il numero delle reti, il vero problema italiano è il controllo delle risorse pubblicitarie e l'evoluzione tecnologica. Finché non avremo capito questo, staremo a discutere sempre di cose secondarie. Quindi si immaginava un sistema in cui ci fosse il controllo delle risorse pubblicitarie, l'adozione della direttiva europea per limitare le interruzioni degli spot, due reti a soggetto e poi il trasferimento su altre tecnologie. Era un pacchetto di proposte molto ragionevole. Soprattutto alla luce di come è andato il referendum.

Le ricordo che qualcuno a sinistra e anche al centro storceva la bocca, che Bossi voleva far saltare i ripetitori della Fininvest. Il risultato è che ci siamo trovati con tre reti, con la vittoria di Berlusconi, che è una cosa che comunque pesa. Tanto è vero che ha reso più difficile il cammino dell'antitrust.

Dica, secondo lei gli italiani ci credono all'antitrust, alla sua necessità?

Mah, se glielo chiede così, no.

E come bisogna chiederglielo allora?

Se il discorso si articola, se si fa un ragionamento per esempio sulle campagne elettorali, allora la sensibilità del paese credo sia molto cresciuta.

Per tornare a quello che diceva prima, non sarà che gli italiani al referendum hanno votato a prescindere dalle bocche da fuoco di Berlusconi? Non sarà che gli italiani avevano già deciso come votare?

No. Aggiungo che secondo me lo strumento referendario non è lo strumento di un paese maturo per decidere su queste materie. Noi siamo in una situazione in cui, per fare le leggi ci vogliono tre anni, poi si fanno i referendum. Non c'è mai un intervento positivo, non c'è mai una politica per la comunicazione. Io penso che questo paese non abbia gli strumenti di governo necessari.

Che cosa intende dire?

Credo che ci voglia un ministero per la Cultura. L'Italia ha un deficit pauroso di politica culturale. Pensi solo al mondo dello spettacolo, nel quale quest'anno si sono persi diecimila posti di lavoro, nessuno se ne occupa. Sì, tutti ci siamo preoccupati di che cosa avrebbe fatto Iva Zanicchi, che comunque non rischiava di morir di fame, ma di diecimila lavoratori dello spettacolo che hanno perso il lavoro nessuno parla. C'è una crisi di produzione televisiva, di produzione cinematografica, c'è una difficoltà dei teatri, c'è una incapacità di valorizzazione del nostro patrimonio culturale: ci vuole un grande ministero per la Cultura, naturalmente con regole del gioco prefissate. Deve poter andare a discutere su scala europea con gli analoghi ministri della cultura che esistono in tutti i paesi civili del mondo. Pensi alla Francia. Basta andare in Francia per vedere quello che in pochi anni ha fatto Jack Lang: hanno rifatto il Louvre, hanno cambiato la legge sulla televisione un paio di volte, hanno fatto una legislazione sul cinema. C'è una rapidità, una modernità, un impianto di cultura di governo, che applicata a un universo come quello della cultura può far rinascere il paese.

Non ci fu a suo tempo una proposta socialista di questo tipo? Mi pare che tutti, voi per primi, la affondaste senza pietà. Che cosa è cambiato adesso?

Ma quella era una proposta dell'inizio degli anni Ottanta. Era un'altra cosa. Lì c'era un germe pericoloso, perché la proposta del ministero della Cultura fatta da chi era portatore di una cultura in qualche misura integralista, cioè di chi si proponeva di controllare soprattutto i contenuti, era francamente pericolosa. Anche se non si deve dimenticare che ci sono stati dei punti dell'elaborazione teorica di quel gruppo di dirigenti socialisti che non erano affatto sbagliati. Tuttavia in questo caso conviene chiamare in causa Jack Lang che ha fatto davvero e bene il ministro.

Chi ci vedrebbe lei alla testa di un ministero della Cultura in Italia?

Non so, le persone possono essere tante. Nomi di ministri non ne faccio, perché devo farli prima al mio leader.

Ma lui di questa sua proposta che dice?

Non gliene ho ancora parlato. Penso sarà d'accordo. Ci vuole un ministro per la promozione della cultura, dell'industria culturale, ci vuole un ministro che aiuti tutte le iniziative in questo campo. Noi abbiamo sette ministeri che si occupano di queste materie. Quando mai in Italia c'è stata una politica per la cultura? È venuto il tempo perché questo è uno dei grandi beni della società moderna... Le faccio un esempio: chi ci garantisce che in questo momento i diritti multimediali per la riproduzione e la trasmissione delle opere degli Uffizi a Firenze non vengano acquistati dagli americani? Chi ha una politica per la valorizzazione nelle nuove tecnologie dei patrimoni culturali italiani? Chi se ne sta occupando?

Certo, certo, ormai i musei vanno su Cd-Rom.

Esatto. Chi se ne sta occupando? Dal mio tavolo, con il computer, posso entrare dentro il Louvre e vederne i quadri. Chi si occupa di questo in Italia? L'unico ministro per i Beni culturali che ha avuto un certo peso è stato Alberto Ronchey, ma è durato esattamente il tempo del governo Ciampi del quale abbiamo parlato.

Lavoro da direttore

Parliamo un po' dell'«Unità». Dopo questi tre anni di sua direzione che differenza c'è adesso tra «l'Unità» e gli altri quotidiani nazionali?

Da un certo punto di vista ce n'è molta meno di prima, da un altro punto di vista ce n'è molta di più. «L'Unità» è uno dei quotidiani nazionali che si citano. Si cita sempre «Repubblica», «Stampa», «Corriere della Sera», «Unità», «Messaggero»: sono quelli che fanno opinione. Adesso c'è anche «Il Giornale», che ha un punto di vista molto marcato a destra. Quindi, per ricchezza di informazione, per natura di primo giornale, cioè di giornale che non ha bisogno di altri arricchimenti, «l'Unità» è sicuramente un quotidiano che assomiglia agli altri. Però è anche molto diverso.

Vediamo allora quali sono queste diversità.

Intanto c'è una diversità di struttura, noi abbiamo un giornale diviso in due giornali e, da settembre, in tre con il giornale locale che uscirà in Emilia Romagna e in Toscana. E se fosse per me, se la struttura aziendale e la struttura tecnica lo consentissero, sarebbe strutturato in quattro, in cinque parti. Perché penso che il futuro dell'informazione stia lì, che il futuro dei giornali stia nella capacità di rispondere alle domande specifiche dei diversi target di lettori. Io devo catturare quei lettori che hanno bisogno di un'informazione di carattere generale, ma poi vogliono sapere tutto quello che è successo nello sport, nello spettacolo o nell'economia o in politica estera. Il mio sogno è un giornale del tipo di quelli americani, nei quali, non solo alla domenica, ma per tutta la settimana, ci sono tutti gli inserti possibili.

Lei sta parlando di una struttura a dorsi come, per citare il più famoso giornale che l'ha adottata, quella del «New York Times».

Esatto. Io ho cercato di farlo con «l'Unità-Due», cioè con un giornale in cui c'è tutto: spettacolo, sport, cultura e scienza. E la cosa ha funzionato, anche se tutti me lo sconsigliavano.

Infatti, lo aveva già tentato Gaetano Scardocchia sulla «Stampa», ma i risultati furono penalizzanti, nonostante l'altissima qualità del giornale che faceva: fu un insuccesso clamoroso perché si ribellarono i lettori torinesi più tradizionalisti.

Tutti mi sconsigliavano, difatti, sulla base dell'esperienza di Scardocchia. Ma nel nostro caso c'è un'idea che non è stata percepita all'inizio: quella della seconda prima pagina. Quello che faceva Gaetano Scardocchia, peraltro straordinario giornalista, era un inserto messo fuori, la prima pagina era una pagina normale. Invece noi ogni giorno facciamo una «seconda» prima pagina, con un'apertura, un editoriale, le notizie. Stabiliamo una gerarchia tra le notizie di quell'universo, cioè applichiamo all'universo specifico di cultura e intrattenimento lo stesso tipo di meccanismo che usiamo per le notizie generali.

E secondo lei questo i lettori lo percepiscono?

Altroché, ci sono proprio due giornali, due prime pagine, tanto che noi oggi probabilmente abbiamo due lettori, due tipi di lettori diversi. Forse in casa, quando arriva, la copia si divide per due.

Quello che sta dicendo lo avete verificato?

Certo, lo abbiamo verificato con indagini. Tenga conto che noi nel giro di tre anni siamo passati da 500.000 a 910.000 lettori al giorno; siamo passati da una vendita che era attorno alle 120.000 copie di media, alle 160.000 di oggi; il giornale era in picchiata, ora è in ripresa; attorno a noi, i giornali dalla fragilità proprietaria sono scomparsi. Noi eravamo un giornale a rischio tre anni fa, adesso siamo un giornale forte, stabile, in espansione. Siamo un giornale che ha fatto per la prima volta tante cose. Siamo il primo giornale nazionale ad andare su Internet e adesso svilupperemo questa nostra presenza, con pagine in circuito; siamo il primo giornale che ha scelto una chiave di racconto come quella delle storie. Noi abbiamo due pagine di storie: quando io l'ho proposto pensavano che fossi matto; adesso vedo che «La Stampa» in prima pagina fa il colonnino con la «Storia»...

Guardi che il colonnino con la «storia» lo faceva già da tempo il «Los Angeles Times».

Comunque so che ci sono vari giornali italiani che stanno pensando di fare cose analoghe. E poi noi gli dedichiamo due pagine. È uno spazio di umanità viva nel giornale, improvvisamente ci sono due pagine nelle quali si raccontano storie di persone invece che di fatti. Questo è esaltante per chi deve scrivere, perché si tratta di grandi racconti e secondo me scalda molto il giornale, cioè lo rende molto più capace di comunicare. Inoltre, noi siamo il primo giornale che ha fatto una politica di iniziative editoriali molto coraggiosa. Sì, devo moltissimo al coraggio dell'azienda e in particolare a quello di Amato Mattia. Amato Mattia ha avuto, a metà del nostro lavoro, un cancro...

Un momento, chi è Amato Mattia?

È l'amministratore delegato dell'azienda. A 43-44 anni, ha avuto un cancro, ora sta molto meglio. Eppure non l'ho mai sentito un momento assente dalla vita del giornale. E se sono riuscito a fare tutto quello che sono riuscito a fare, una grandissima parte di merito sta nel suo coraggio. Con lui abbiamo azzeccato moltissimo, non dico sempre, ma quasi sempre: le figurine, ci abbiamo azzeccato; i libri, abbiamo portato 40 milioni di libri nelle case dei nostri lettori, ci abbiamo azzeccato; infine con dieci milioni di cassette di film, un investimento per l'azienda molto forte, ci abbiamo azzeccato, guadagnando anche un bel po' di soldi. Le nostre iniziative sono sempre state pagate dai lettori, non abbiamo mai regalato nulla, e abbiamo sempre avuto dei riscontri molto positivi dal punto di vista del pubblico. Insomma, le nostre copie in realtà pesano molto di più del loro controvalore. Abbiamo aumentato la vendita annua di più di 7 milioni di copie in due anni e mezzo; siamo passati da 42 a 49 milioni in due anni. Mi auguro quest'anno di finire sopra i 50. Sarebbe una cosa eccezionale. Ma c'è un'altra cosa del giornale, della quale io vado particolarmente fiero, l'aver fatto diventare «l'Unità» un giornale di un'area.

Cioè?

Cioè, oggi «l'Unità» è il giornale dell'area di sinistra democratica.

Più di «Repubblica»?

Diversamente. Io considero «la Repubblica» un'invenzione geniale, considero Eugenio Scalfari una delle persone più straordinarie che il giornalismo italiano abbia prodotto. Noi, però, abbiamo seguito un altro modello. Anche come tono di voce. Questo ci ha consentito di fare, ancora prima di quanto abbia fatto il Pds, un giornale con una sua identità forte, tanto da risolvere l'annoso problema sul quale la redazione aveva battuto la testa per tanti anni, il problema dell'autonomia dal partito. È arrivato un direttore mandato dal partito e il problema dell'autonomia si è risolto grazie all'affermazione di una identità forte del giornale. E attenzione, ciò non è avvenuto in ragione del fatto che il direttore poteva resistere più di altri a pressioni. Perché di pressioni non ne ho proprio avute. Mai.

Be', magari, trattandosi di una patata bollente, cercavano di tenerla il più lontano possibile.

Comunque, sa, il giorno in cui io sono stato nominato direttore ho detto al partito: «Guardate, io ci sto. Se vi va bene quello che faccio, bene. Se non vi va bene me lo dite e me ne vado. Ma il giornale lo faccio io». Aggiungo che, in quei giorni vidi i dati di vendita e mi tremarono le vene e i polsi, perché se il giornale avesse continuato così, noi oggi non staremmo a discutere né dell'«Unità» né del suo direttore. Oggi «l'Unità» non ci sarebbe più. Adesso, invece, è uno dei tre giornali italiani in crescita. Ma c'è un altro aspetto importante, dicevo.

E sarebbe?

Aver fatto diventare «l'Unità» una sorta di laboratorio

per gli scrittori, il mondo intellettuale. Sono molto contento di aver portato sull'«Unità» le firme di tutti i giovani scrittori italiani, da Sandro Veronesi a Sandra Petrignani, da Marco Lodoli a Clara Sereni, da Giorgio Van Straten a Sandro Onofri, a Valerio Magrelli, da Gianfranco Bettin a Fulvio Abbate a Claudio Fava; poi di aver fatto una politica delle firme per cui da Andrea Barbato a Rosetta Loy, da Francesco De Gregori a Enrico Deaglio, da Corrado Augias ad altri, le firme dell'«Unità» oggi sono di tutto rilievo. Sono anche contento di aver fatto entrare autori e cultura di fuori d'Italia da Ian McEwan, uno dei maggiori scrittori contemporanei a Fernando Savater a Jimmy Carter o a Jesse Jackson, sono collaboratori dell'«Unità» e se qualche anno fa qualcuno avesse immaginato qualcosa del genere, avrebbe pensato a un'eresia. Così è però.

Be', Jimmy Carter e Jesse Jackson per la verità scrivono per una syndication che rivende i loro pezzi negli altri paesi.

Scrivono per una syndication e noi li pubblichiamo in Italia con il loro consenso. Invece McEwan e Savater hanno un rapporto diretto con noi.

Come si conciliano giornalismo e politica a tempo pieno?

Faticando, lavorando tantissimo, e grazie ad alcune condizioni. La prima condizione è la redazione del giornale. Ma questa può essere una considerazione utile anche per il ragionamento generale. Di solito i direttori bofonchiano nei confronti delle redazioni; io invece sono entusiasta, ho lavorato e lavoro con un gruppo di persone veramente belle. Quando sono arrivato c'era un clima di grande incertezza. Ricordo il primo giorno che sono arrivato in redazione, mi guardavano come se fossi un oggetto strano, volevano capire se ero come temevano o se ero come speravano. In tre anni credo di essermi fatto capire. Chiesi alla redazione soltanto solidarietà e lealtà. Siccome nel giornale trovai un clima pesante, dissi: «Qualsiasi cosa non vada, diciamocelo, non facciamoci quelle cose tipiche dei giornali, in cui ci si parla dietro, si scopre che volano i coltelli dietro le spalle». Ora, credo di poter dire che il clima del giornale è molto cambiato. C'è stato un grande entusiasmo. Insomma, se siamo riusciti a fare tutto quello che abbiamo fatto lo si deve per larga parte alla redazione, nella quale ci sono talenti sia di direzione, sia di scrittura, sia di governo del desk - il centro nevralgico del giornale - assolutamente straordinari. Torno dunque alla domanda iniziale: si possono fare le due cose insieme, politica e direzione di un giornale, se hai una struttura molto forte. Soprattutto quando c'è un direttore rompiscatole come me, uno che vuole sapere tutti i titoli delle due «prime pagine», che vuole saperlo tutti i giorni dovunque sia. In tre anni mi pare di aver saltato un paio di giorni quando stavo in America. Per me è stata ed è un'esperienza molto bella. La mia vita e persino il mio carattere sono cambiati facendo questo lavoro. Per questo io difendo il lavoro giornalistico. Mi ha molto arricchito umanamente, mi ha fatto venire un sacco di dubbi, mi ha fatto cercare costantemente la ragione delle cose oltre la superficie delle cose, mi ha spinto a lavorare di fantasia.

Ah, anche lei!

No, di fantasia creativa. Non di fantasia sulle notizie. Di fantasia creativa, nel senso di prendere un tema e di immaginare come raccontarlo. Per esempio, il giorno che ci fu l'attentato della setta di Tokyo al gas nervino, telefonai a Dario Argento e gli chiesi se ci scriveva il commento. Lui lo scrisse e tra l'altro fu il primo a indovinare la verità. Tutti pensavano che la responsabilità ricadesse sulla destra giapponese, lui scrisse, invece, che si trattava di una setta. E ha avuto ragione. È questo tipo di fantasia che mi diverte. È stato fare la prima pagina monografica su Fellini. O rompere lo schema tradizionale del giornale per moltiplicare l'attenzione su Mururoa o sulla Bosnia. Per me è stata ed è la più bella esperienza di lavoro della mia vita.

Il muro di Predappio

Va bene. Passando agli avversari politici, come valuta Fini? È davvero bravo come dicono i più o è soprattutto sorrisi e apparenza come sostengono alcuni dei suoi «amici» di destra?

Fini tecnicamente è bravissimo. Diciamo che ha i piedi buoni.

Un centravanti, un'ala?

Ha i piedi buoni ma non so quanto abbia fiato. Mi ha colpito, per esempio, l'atteggiamento che ha avuto dopo la sconfitta elettorale alle amministrative. Ferrara ha parlato di uno svenimento elettorale. Siccome noi a sinistra abbiamo una certa esperienza nel ramo sconfitte, posso dire che anche in quelle occasioni si vede la grandezza di un uomo politico: da come reagisce a una sconfitta.

E lì ha reagito male?

Ha reagito male, è sparito, si è incupito.

Però si potrebbe vedere anche come una dimostrazione di umanità. Niente più politici robot.

Non metto in discussione però, sa, preferisco trovare l'umanità quando le cose vanno bene che quando le cose vanno male. Comunque Fini ha fatto un'operazione coraggiosa, ha strappato.

È caduto del tutto il muro di Predappio?

Io penso proprio di sì. E comunque penso sia del tutto inutile tenerne in vita le macerie. Io non ho nessuna nostalgia per quella destra lì, nessuna nostalgia per il Msi eversivo e picchiatore. Non sono come Berlusconi, che spera che il Pds diventi bolscevico. Io non spero che Fini ritorni missino. Io mi auguro che la sua evoluzione continui. Però registro anche un paradosso. È la prima volta nella storia italiana che tutte le forze politiche fanno senza esitazione, senza riserve, una scelta democratica. Eppure è il momento di più aspro conflitto, è il momento in cui abbiamo temuto che potesse succedere qualcosa di pericoloso.

Perché questo?

Perché le idee politiche, che sono state dentro questo scontro, sono state idee di chi concepiva una democrazia contro un'altra democrazia. E invece la democrazia è la regola del gioco. La destra era portatrice di un sistema di proposte, di una identità, di un modo di governare, che le faceva intendere la democrazia come riassunta dentro di sé.

Tutta la democrazia?

Tutta la democrazia e il pluralismo riassunti dentro di sé.

Quindi gli altri non erano democrazia.

Esatto, esatto. Ed è la traduzione della frase: «Se vincono loro, io vado all'estero».

Che è stato però anche un argomento della sinistra.

Della destra, di Berlusconi.

Be', quelli che, dopo, sono andati all'estero sono stati quelli di sinistra.

E poi ci sono andati alcuni di sinistra, sbagliando.

Visto che decantiamo i reciproci strappi di destra e sinistra, lei è tra coloro che apprezzano l'incontro di Gramsci con Evola, come fanno al «Secolo d'Italia»?

No. Così come sono aperto dal punto di vista politico, per me sul piano storico il fascismo è fascismo. Il fascismo ha ucciso, il fascismo ha messo in atto la persecuzione degli ebrei; il fascismo ha portato la guerra in Italia. Ha chiuso i giornali, ha chiuso i partiti. Ha incarcerato e fatto morire Gramsci. Il fascismo è stato questo. Nessuna revisione storica del giudizio sul fascismo.

Come spiega il caso Di Pietro?

Homo homini lupus. Ma Di Pietro, che è stato un grande magistrato, avrebbe dovuto spiegare al paese le ragioni vere delle sue dimissioni.

Nell'introduzione al libro su Berlinguer lei annotava amaramente che l'Italia era andata a destra. Lo pensa ancora?

Una parte dell'Italia si è liberata di vecchie costrizioni e ha potuto dichiarare il suo essere di destra. Prima, di dirsi di destra, c'era quasi da vergognarsi in Italia, no? Perché la storia del fascismo è rimasta come un macigno nella storia italiana. Quindi, oggi, c'è una parte di elettorato di destra, culturalmente e politicamente di destra, che si dichiara tale. Però la maggioranza dell'elettorato è andata a destra, ha visto com'era l'albergo ed è tornata indietro. E adesso cerca un albergo migliore.

Lei è tra quelli che rimpiangono la fine della Dc?

No, assolutamente. Anzi, io considero che l'esistenza della Dc sia stato uno dei grandi equivoci storici del paese. Al di là dei suoi meriti, però, quel partito era un grande contenitore nel quale c'erano tante cose diverse.

È giusto per il Pds recidere ogni legame anche simbolico col vecchio Pci?

Io penso di sì, ma nel senso di avere molta più serenità nel giudizio storico sul Pci. C'è una cosa alla quale io mi ribello: quando si racconta, da parte di certi esteti della destra, la storia italiana come una storia di consociativismo. Si racconta una balla, perché questo è il paese in cui ci sono state le stragi, il terrorismo, i morti ammazzati, altro che consociativismo! Questo è il paese in cui per frenare il primo centrosinistra, non dico un governo operaio e contadino, c'è stato un tentativo di colpo di Stato. Questo è il paese in cui sono state messe le bombe a piazza Fontana per evitare che la sinistra potesse andare al governo. E Moro è stato ammazzato per questo. Ci sono state pratiche di consociazione legislativa e quelle hanno pesato sicuramente sull'economia del paese, il gioco degli emendamenti alle leggi finanziarie, le coperte che si stiracchiavano di qua e di là, ma poi, santo Dio, in Italia c'è stato uno scontro per il potere durissimo. E non è che la gente ci ha rimesso la pelle per caso. La gente ci ha rimesso la pelle per una ragione politica. L'Italia è l'unico paese in cui c'è stato un così alto numero di morti ammazzati per strage, terrorismo e un così basso numero di verità rivelate. Al limite son meno interessato alla verità giudiziaria, non mi interessa chi ha messo la bomba, voglio sapere come è andata.

Vuol dire la verità storica?

Guardi, in tutte queste storie c'è un «protocollo», se lo ricorda il libretto *La strage di stato*? Pensavamo fosse una balla e invece aveva ragione. Testimoni che spariscono, gente che muore per incidenti, quelli che si suicidano. Ogni volta, che sia Piazza Fontana o sia Ustica, c'è un protocollo che si ripete, ma se si ripete vuol dire che qualcuno lo ha dettato. Allora abbiamo diritto di sapere. Perché ci vuole un protocollo nuovo: che tutto quello che è successo non succeda più. Voglio che Daria Bonfietti [fondatrice del Comitato per la verità su Ustica, *N.d.R.*] non debba ancora aspettare di sapere, quindici anni dopo, che cosa diavolo è successo a suo fratello nel cielo di Ustica.

Dopo Tangentopoli, quel che resta degli anni Ottanta è tutto da dimenticare?

Si possono dare risposte molto diplomatiche. Tendenzialmente sì.

E Craxi?

Craxi è stato il simbolo di quella idea della politica e anche di quel decennio, il simbolo più clamoroso. Craxi ha avuto sempre nei confronti nostri un atteggiamento di grande ostilità, di grande freddezza. Ho visto che Giuliano Ferrara ha ricordato l'incontro nel camper, nel '91 a Rimini, che avemmo, D'Alema e io, con Craxi e Giuliano Amato. Ricordo che in quell'incontro nel camper discutemmo delle prospettive della sinistra italiana e a un certo punto Craxi, quando gli dicevo che secondo me la prospettiva di una sinistra unita che scegliesse la via dell'alternativa avrebbe potuto costituire la novità vincente della vita politica italiana, mi disse: «Questo me lo diceva sempre anche Berlinguer, ma io non ci credo». Lui aveva in testa un'altra linea strategica e l'ha praticata. Vede, il giudizio storico non può ridursi all'aspetto giudiziario, anche se naturalmente saranno i processi a stabilire le responsabilità se responsabilità ci sono. Sul piano delle idee politiche Craxi è stato dominato da una idea politica sbagliata, cioè quella dell'alleanza con la Dc, del pentapartito, della rottura a sinistra. Pensava a una stabilizzazione del paese, non a un suo mutamento. Tutto questo è stato animato anche con argomenti e proposte intelligenti, perché sicuramente in quella stagione il Psi ha avuto un elemento di dinamismo politico-culturale anche interessante, e questo anche quando erano critici nei confronti della sinistra.

Bene e allora precisiamolo questo giudizio storico. Quali erano queste proposte socialiste che oggi vede con favore? E per tornare a Berlinguer, non sbagliò anche lui con le sue durezze, con la divisione a sinistra e da ultimo con la scelta che isolò il partito in occasione del referendum sulla scala mobile?

Va detto che prevalse, allora, sul merito, la considerazione della fase politica. Si pensava, a ragione, che quella fase politica avrebbe finito per segnare negativamente lo sviluppo del paese. Quanto al giudizio su Craxi, come ho detto, deve essere diviso, anche se è molto difficile. Il Psi, in quegli anni, ebbe intuizioni importanti. La «grande riforma» era una notevole intuizione; così come il discorso su «il bisogno e il merito» di Martelli. E furono rilevanti la convenzione di Rimini dell'81; e prima ancora il congresso dell'80 e le tesi di Giuliano Amato. Insomma, il Psi produsse una messe di materiale e non per caso: ci lavorarono i migliori intellettuali del riformismo italiano. Grandi intuizioni ma gestione di breve respiro. Gestione spregiudicata, cinica, una concezione della politica come puro potere e del governo come fine e non come mezzo. Questo è difficilmente separabile. E quindi il giudizio storico, nel riconoscere la bontà di alcune idee e intuizioni di quel pensiero socialista, non può non vedere il terribile cinismo di quella concezione della politica, che non per caso ha finito con l'uccidere anche le idee giuste.

Karol il gigante

Secondo lei Karol Wojtyla si può definire l'ultimo gigante del XX secolo?

In qualche misura sì. L'ultimo nel senso che non ce ne sono altri, nel senso che la storia e gli equilibri politici si sono scritti dopo l'89 e non producono più grandi personaggi per ragioni vorrei dire persino strutturali. Uno dei pochi altri grandi della storia di questo fine secolo è Nelson Mandela. Sicuramente è una figura straordinaria, è un uomo che ha passato la sua vita in carcere e poi ha contribuito a pacificare il Sudafrica. Però per alcuni versi Giovanni Paolo II, per tornare a lui, è un gigante sconfitto.

Perché sconfitto?

Per Sarajevo. Sarajevo è la sua grande sconfitta, è la nostra grande sconfitta.

Dopo aver contribuito attivamente al crollo dell'Unione Sovietica e di tutto il comunismo, Sarajevo è una sconfitta, dolente, ma minore per un papa così militante. Non crede?

Ma su Sarajevo Giovanni Paolo II ha investito moltissimo. Insomma lui chiude questo secolo con molta più guerra di quanta non ce ne fosse quando è cominciato il suo papato. Naturalmente non per responsabilità sua, come è ovvio, ma perché il mondo ha perso il suo equilibrio. Penso che questo Wojtyla lo senta come un peso enorme. La sua insistenza, il suo invocare perfino la «guerra giusta», non sono stati valutati appieno. Ma si tratta di un messaggio di altissimo profilo. In fondo un papa che chiede l'uso della violenza per fermare la violenza è un fatto straordinario. Mi fa pensare all'emozione che provai quando andai a sentire Paolo VI il giorno dei funerali di Moro, quando fece quella sorta di arringa contro il Dio che non lo aveva ascoltato. Mi sembrò una dichiarazione di grandissima laicità applicata a una intensa fede cristiana. Allo stesso modo questo papa si è comportato nella politica estera. Nella politica estera questo papa ha fatto delle cose assolutamente straordinarie, così come sul piano della politica sociale. La sua critica del capitalismo, la sua attenzione alle questioni sociali rimarranno nella storia non solo della Chiesa cattolica ma del pensiero contemporaneo. Ci sono, invece, aspetti che riguardano questioni etiche, morali, sulle quali questo papato mi è sembrato molto fermo, molto chiuso. Questo è il papato durante il quale è scoppiata una tragedia collettiva quale è quella dell'Aids. E di fronte alle persone che muoiono, la Chiesa non ha avuto la forza di mutare di una virgola la sua linea sulla contraccezione, sulla prevenzione delle nascite. Mi è sembrato, rispetto alla capacità di innovazione sui temi sociali di questo papato, un elemento di brusca, forte e drammatica contraddizione.

Lei ha ottenuto, unico nel Pci e nel Pds un'udienza in Vaticano dal papa. Non hai mai voluto parlare di ciò che vi siete detti. Pensa che sia arrivato il momento di raccontarlo?

No. Non lo farò mai. Per correttezza. È stata una visita che aveva un valore simbolico in sé. Perché per la prima volta il direttore dell'«Unità» e anche un dirigente della sinistra, del Pds, veniva ricevuto.

È stato invitato o aveva chiesto lei l'incontro?

L'ho chiesto io. Ho chiesto l'udienza per poter consegnare i Vangeli che uscivano con «l'Unità». Mi sembrava fosse un fatto importante che un giornale come il nostro portasse a centinaia di migliaia di persone, che forse non li hanno nelle loro case, i Vangeli. Li avevo riletti qualche mese prima dopo averli lasciati in anni lontani, vi ho trovato valori importanti, come la solidarietà verso gli ultimi, valori che valgono per tutti, non solo per chi ha fede. Quel giorno è stato un giorno importante ma il rispetto del carattere di quell'incontro, la sua natura non politica in senso stretto mi spinge alla riservatezza.

Lei ha avuto incontri anche con altri personaggi della gerarchia della Chiesa?

Sì. Con il cardinale Martini, ed è stato davvero emozionante. Siamo rimasti a parlare a lungo. Ho letto quasi tutto quello che ha scritto, lui ha un modo di scrivere straordinario, un'intensità magistrale nel raccontare le cose della fede ma anche della società. Il suo *Lembo del mantello* è un testo assolutamente importante così come lo sono le sue lettere pastorali.

Il cardinal Martini non se ne abbia a male, ma che cos'è il Lembo del mantello*?*

È quel libro straordinario che lui ha scritto sulla comunicazione, lo deve leggere, è un libro eccezionale. Per me è stata un'esperienza importante, molto significativa, lì dentro c'è un'idea della funzione della Chiesa che mi affascina. Ci sono tante persone che declinano la loro fede nell'impegno sociale, che si sforzano di aiutare chi ha di meno, che non possono non essere considerate delle persone speciali. Ci sono delle persone nelle quali vedi una luce interiore. Carlo Maria Martini è una di queste.

Come sarà la Chiesa dopo Wojtyla, a suo parere? Più aperta, meno aperta, più in difficoltà, meno in difficoltà?

Sarà più mondiale. Io penso che la Chiesa sarà più mondiale, che il tempo militi a favore di una ripresa di intensità religiosa, di intensità religiosa moderna, soprattutto per i nuovi paesi che avanzano e per le nuove coscienze del mondo.

Entrando nel merito della questione cattolica in Italia, da politico, che messaggio vorrebbe inviare ai cattolici di questo paese il laico Veltroni?

Una bellissima frase di un prete che si chiamava Carlo Carretto.

E chi è?

Carlo Carretto era un prete francescano, che viveva a Spello, uno di quei preti che sono andati nel deserto, che praticavano la solidarietà, che si sono impegnati per la pace nel Vietnam, una figura straordinaria. Raccontava una sorta di apologo, dialogando con Ricciardetto, un famoso giornalista conservatore del tempo. Diceva: «Sei andato al mare, ti sei spogliato, hai attraversato la spiaggia, hai messo i piedi nell'acqua, hai proseguito nella marcia mentre l'acqua ti saliva alle caviglie, poi alle gambe, poi al collo. Ti sei messo a nuotare, hai voluto provare anche la tentazione di nuotare sott'acqua. Sei tornato a riva, ti sei rimesso gli abiti e hai detto a chi ti era vicino: non ho visto l'acqua». Lo dico da laico. Oggi viviamo in un tempo un po' concitato, un po' violento, un po' cinico. E forse la declinazione della fede, che è una grande risposta a grandi interrogativi, a grandi inquietudini e a grandi dolori, è una grande risorsa dell'esistenza umana. Quando si dice «quello si è convertito in punto di morte», io non mi scandalizzo. Di fronte al grande mistero della morte compaiono terribili paure. Queste non sono quasi mai opportunistiche. Sono paure e forse anche l'aggancio a una speranza. Già il fatto stesso che la fede possa costituire una speranza è testimonianza della sua grandezza. Però se c'è stato un tempo nel quale l'impegno religioso, la consapevolezza religiosa, le sensibilità e le priorità di assistenza nei confronti dei più deboli, la solidarietà nei confronti dei più poveri e bisognosi, si deve manifestare, questo è quel tempo. E dunque, veramente, mi sentirei di dire che oggi è valido l'appello di Giovanni XXIII all'incontro delle persone di buona volontà. Adesso, cattolici e laici, abbiamo tutti da confrontarci su alcuni valori nella vita pubblica. L'Ulivo deve essere un luogo d'incontro alto e impegnativo. Mai come oggi c'è stata la possibilità che culture ed esperienze, che sono state separate, forse conflittuali, possano reciprocamente aiutarsi e mutarsi.

Secondo lei, destra e sinistra sono ancora due categorie valide come sostiene Norberto Bobbio, oppure sono superate?

Sono assolutamente valide. Certo, non possono essere due fotografie di ciò che è stato. Penso che la sinistra abbia fatto, da questo punto di vista, una grande corsa, una grande marcia. C'è una bella frase di Giovanni Sartori che dice: «Sinistra è fare bene agli altri, destra è fare bene a sé». Prendiamo questa come macrodistinzione tra destra e sinistra, che è una distinzione di visione del mondo. La sinistra ha dovuto fare molti passi, perché questa sua vocazione a far bene agli altri non si trasformasse nella pretesa di far bene agli altri. Ora la sinistra può coniugare la sua cultura politica, la libertà e l'equità alle pari opportunità e alla democrazia. Ieri aveva più difficoltà a farlo. Ma il conflitto tra destra e sinistra tenderà a riproporsi e forse anche in forme più intense del passato. Tanto per fare qualche nome: Gingrich-Clinton, Portillo-Blair, Berlusconi-Prodi.

Tra eguaglianza e libertà cosa sceglie di primo acchito?

Libertà. Perché non c'è eguaglianza senza libertà. Proprio perché penso questo, credo sia giusto che noi, oggi, rilanciamo le idee e i valori della sinistra. Se l'alleanza dell'Ulivo spingesse la sinistra a camuffarsi, a serrare al centro, sarebbe un errore e uno spreco. Se noi siamo la sinistra democratica e moderna, liberale e riformista, dobbiamo sventolare le nostre belle bandiere, non nasconderle. Una ragazza di sedici anni di Udine, Alessia Cozzi, mi ha scritto una bellissima lettera. Lei cerca la definizione della sua identità. Si sente di sinistra. Per lei la sinistra è «futuro, speranza in un mondo migliore». Dice: «Credo innanzitutto nelle pari opportunità. Credo che ognuno debba avere le medesime possibilità per realizzarsi e dare il meglio di sé indipendentemente, per quanto è possibile, dalla classe sociale cui appartiene, e dico la parola classe, anche se mi pare molto brutta: mi ricorda la divisione, i pregiudizi. Credo nella solidarietà, nel dare una mano a chi ne ha bisogno, nel cercare di dare dignità e una vita il più possibile normale e soddisfacente a chi è meno fortunato. La destra sembra una giungla: il migliore sopravvive, gli altri vengono lasciati indietro. Chi non ce la fa si arrangi, non c'è rispetto per la persona in quanto tale». Non è diverso, quello che scrive questa ragazza di sedici anni, dalle considerazioni di un grande ottantenne, Vittorio Foa: «Oggi la differenza tra la destra e la sinistra è fra chi vuole massimizzare il vantaggio adesso e chi pensa al futuro, naturalmente al futuro dell'umanità e della natura dove vive e vivrà l'umanità». Ma la risposta di Alessia e di Foa può ancora non bastare. Le idee della sinistra sembrano stanche. La fine del secolo le percepisce come sfumate, deboli. E questo è paradossale perché la sinistra democratica ha conquistato molte vittorie. Le sue idee-forza, equità e libertà, sono entrate nella struttura della società europea attraverso il Welfare e attraverso la vittoria delle democrazie sugli autoritarismi, su tutti gli autoritarismi. Ora la sinistra, come un uomo che giunge felice in cima a una montagna conquistata e lì scopre il nuovo paesaggio, può ricominciare il suo cammino dentro il mondo che cambia, tra innovazione e diseguaglianza, tra opportunità e nuove solitudini. C'è molto lavoro da fare, per la sinistra moderna.

È vero che, come dice il titolo di un libretto di Sergio Romano, gli italiani si disprezzano?

Gli italiani non si sono mai sentiti una comunità, perché non hanno mai sentito di partecipare a una sfida collettiva, non si sono mai sentiti un paese. La parola paese è una parola molto bella, perché significa due cose diverse: con la parola paese tu puoi intendere una piccola comunità, nella quale tutti si aiutano, se succede qualcosa tutti lo sanno. E però in italiano paese significa anche nazione. Noi dobbiamo restituire una coscienza di comunità all'Italia, dobbiamo farla sentire di più un corpo collettivo, un cuore collettivo, una tensione collettiva, dobbiamo sentirci di più tutti sulla stessa barca, ciascuno con le sue idee, ma tutti impegnati a fare il paese migliore.

Misteri d'Italia

Secondo lei passeremo anche il prossimo secolo con la mafia?

Questo dipende da quello che faremo nel Mezzogiorno d'Italia. Dipende se riusciremo nel Mezzogiorno a rompere le ragioni sociali che determinano la mafia. La mafia, come tutti gli altri fenomeni di grande criminalità, ha un aspetto di potere e un aspetto sociale. L'aspetto di potere forse può essere risolto da una nuova classe politica che rompa definitivamente ogni rapporto con la mafia, con tutti rischi che questo comporta, come dimostrano quelle bombe piazzate in Italia durante il governo Ciampi. Gli aspetti sociali hanno invece bisogno di una terapia politica di più lungo respiro e di più lungo periodo. Bisogna intervenire sulle cause che fanno sì che un ragazzo vada a sparare o a vendere la droga. È un lavoro sociale di lungo periodo. Vorrei dire che non basta neanche decapitare la testa della piovra, perché poi i tentacoli possono continuare a muoversi molto a lungo. Quindi bisogna lavorare su tutte e due le cose. Certo il primo punto è questo: mai più in Italia una politica connivente con la mafia, mai più in Italia una politica tollerante con la mafia e con i poteri criminali, mai più uno Stato la cui debolezza fa la fortuna della mafia e dei poteri criminali.

Bisogna credere a Buscetta?

Perché no? Naturalmente si tratta di credere come si deve sempre credere a persone la cui vita è stata segnata e attraversata da queste vicende e che in queste gioca ancora un ruolo. Ma Buscetta ha rischiato e rischia. Quanti sono i misteri italiani? Sindona morì dopo aver bevuto un caffè come Gaspare Pisciotta. Ambrosoli, quel grande eroe borghese, appunto uno di quelli che a me piacciono perché non si fermano, perché vanno avanti, perché non hanno paura, è stato ammazzato sotto casa. Chi tocca i poteri forti rischia. E Buscetta è uno che rischia, e dunque sono portato a pensare che gran parte delle cose che dice sono vere, fatto salvo che tutto ciò che dice deve essere ovviamente valutato dal punto di vista processuale. Ma dal punto di vista della ricostruzione storica del fenomeno mafia credo che Buscetta ci abbia aperto degli squarci interessanti.

E a questo proposito, che effetto le fa vedere Andreotti a giudizio per mafia?

Non riesco mai a provare soddisfazione.

Non le stavo chiedendo questo...

No, ma siccome c'è gente che, ogni volta che si apre un processo, si frega le mani dalla contentezza e dice finalmente... Be', a me l'idea che un uomo che ha avuto responsabilità per quarant'anni, che ha governato questo paese, che ha toccato tutti i tasti più delicati, possa essere coinvolto nelle cose nelle quali si dice sia coinvolto, è una cosa che atterrisce. È evidente che una certa Dc, in Sicilia, è stata uno dei luoghi dell'incontro tra potere politico e potere mafioso.

Ma al di là di questo sentimento?

Il giudice Caselli e i magistrati che hanno lavorato su questa inchiesta sono persone di grande serietà e di grande responsabilità e non credo certo che abbiano affrontato a cuor leggero una vicenda di questo tipo. Io su questo, come su altre vicende, aspetto l'esito del giudizio, non do valutazioni prima, proprio perché, ho detto in tutta questa intervista e ripeto, la politica deve, sulle vicende giudiziarie, fare un passo indietro.

Perché nell'Italia contemporanea si parla quasi solo di eroi borghesi? Ambrosoli, Falcone, Borsellino, Dalla Chiesa, il giudice Livatino...

Intanto perché obiettivamente c'è un'estensione della borghesia, e questo pesa. Poi perché c'è stato un antistato in Italia, un antistato che ha eliminato i difensori dello Stato. E i difensori dello Stato erano spesso borghesi, fossero essi magistrati o fosse il commissario liquidatore della banca di Sindona. Noi abbiamo convissuto con un mostro racchiuso dentro lo Stato. E questo mostro ogni tanto colpiva ed eliminava gli ostacoli e spesso i borghesi, che credono nelle istituzioni, che credono nelle regole del gioco, che credono nella legalità, sono stati un ostacolo e sono stati fatti saltare come dei tappi. È anche vero però che ci sono tanti proletari che sono morti e ci si ricorda molto meno di loro: sono gli agenti di polizia, donne e uomini della scorta che stavano con Borsellino, con Falcone, semplici poliziotti impegnati nell'opera di prevenzione. Anche loro sono eroi dell'Italia moderna, eroi che non avranno una piazza intitolata forse, se non nel loro paesino...

Né un film su di loro.

Né un film su di loro, ma dei quali la memoria collettiva non può dimenticarsi.

Quanto ha pesato la morte di Moro sulla coscienza politica del paese?

In modo incalcolabile. L'assassinio di Moro ha cambiato la storia d'Italia.

In che senso ha cambiato la storia d'Italia?

Viene ammazzato Moro e invece di esserci il governo col Pci nella maggioranza, da lì a due anni c'è il pentapartito. Il paese uscì stravolto da quella vicenda, quei cinquantacinque giorni sono un incubo che non si cancella. Come non si cancella il terrorismo.

Moro è stato un eroe, secondo lei,. o solo una vittima?

Sarei portato più a dire una vittima nella vicenda del rapimento. In quel momento, Moro stava compiendo una svolta politica gigantesca. Ricordo il dramma contenuto nel suo discorso di Benevento e poi nel discorso ai gruppi parlamentari. C'è lì la testimonianza di una grande fatica, di quando la politica diventa fatica, fatica del convincimento, fatica della persuasione, fatica della rimozione delle resistenze, dei conservatorismi. Ho riletto recentemente le lettere di Moro e mi sono chiesto come abbiamo fatto tutti quanti a prendere quel gigantesco abbaglio che abbiamo preso, come abbiamo potuto pensare che quei testi drammatici fossero falsi. La rilettura di quelle lettere è una cosa terribile, c'è tutto il dolore che un uomo può esprimere. Ma ci sono anche una cultura e un linguaggio politico assolutamente riconoscibili.

Forse c'è anche qualcuno che aveva capito benissimo che erano vere.

Può darsi, può darsi. Ma sul caso Moro purtroppo dobbiamo conoscere ancora tante verità. Dobbiamo sapere dove sono finiti i filmati e i verbali dell'interrogatorio, perché a un certo punto a via Monte Nevoso risbucano delle carte... Purtroppo è ancora un buco nero quella storia, e per quante rassicurazioni possano venire che non c'è null'altro da scoprire, temo invece ci sia ancora molto da scoprire. Ma anche qui vale quello che dicevo prima: interessa ormai non tanto sul piano giudiziario, ma sul piano della storia e della verità politica. Però in quelle lettere c'è anche una grande profezia sulla fine della Democrazia cristiana. E la Dc finisce davvero il giorno in cui Aldo Moro viene rapito. Quella è la data di inizio del tramonto della Dc. Ma politicamente, si può addirittura retrodatarla di quattro anni. La fine della Dc è in quel titolo dei giornali italiani il giorno del referendum sul divorzio, quelle due lettere «NO», che campeggiano sulla prima pagina del «Messaggero» e del «Corriere della Sera». Erano il segno di una rottura di egemonia. La Dc aveva perso l'egemonia politica sul paese, il paese si andava secolarizzando e lì si consumava la crisi delle ragioni politico-ideali della Dc. Infine, il 16 marzo del '78 finisce la Dc come grande partito di centro che marcia verso la sinistra e comincia una gelata terribile, che ha segnato tutti gli anni Ottanta.

Bisognava trattare?

Me lo sono chiesto molte volte in questi anni. Il senno di poi farebbe dire di sì. Ma allora trattare avrebbe significato davvero la destabilizzazione dello Stato. Non ci dobbiamo dimenticare che in quegli anni ogni giorno poteva esserci un poliziotto morto, un magistrato morto, un uomo politico morto.

Però lei oggi pensa che sarebbe stato meglio trattare, è così?

No. Penso invece che in quel momento sia stato giusto non trattare. Perché in quel momento trattare avrebbe significato stabilire il principio che il sistema politico, appena veniva preso uno dei suoi, acconsentiva a ciò che non aveva ammesso in nessun altro caso. Quello che poi avrebbe fatto, in maniera sporca, con il caso Cirillo. E ciò avrebbe avuto un effetto di destabilizzazione e avrebbe dato alle Brigate rosse una vittoria gigantesca. Perché ho detto col senno di poi? Perché mi sarebbe piaciuto conoscere la storia di questo paese con Moro libero.

Pensa davvero che sarebbe stata molto diversa?

Sarebbe stata molto diversa perché probabilmente tutti i processi politici sarebbero stati accelerati. Ma in questo caso vale davvero il vecchio ammonimento per cui la storia non si fa con i se.

Nella situazione del paese, così come è oggi, ha pesato più il terrorismo di destra o quello di sinistra?

Ho detto che considero l'omicidio di Moro lo spartiacque della storia italiana. L'inizio di una crisi terribile. E questa è già una risposta alla sua domanda. Ma il terrorismo, io non riesco a distinguerlo. Sì, forse si può, storicamente. Ma quando una persona muore, se il proiettile era colorato di nero o di rosso francamente non fa alcuna differenza. Quella persona muore e se muore pesa sulla vita politica italiana in ragione della sua morte. Forse quello che ha pesato di più è il terzo terrorismo, che lei non ha citato. Il terrorismo di Stato, che è esistito.

Che sia terrorismo o mafia, perché l'Italia non riesce a uscire da una situazione di emergenza?

Però l'emergenza non viene più percepita come tale dal paese.

Se non sbaglio ci sono ancora i soldati a presidiare la sicurezza dei cittadini in Sicilia.

Sì, però la coscienza collettiva del paese non vive una situazione di emergenza. Questa si è conclusa poco dopo gli omicidi di Falcone e Borsellino, con l'arresto di Riina e degli altri latitanti.

Intende dire che possiamo pensare di aver vinto la fase principale della guerra alla mafia?

Sbaglieremmo a pensare di aver vinto, però sbaglieremmo anche a non valutare i colpi che sono stati dati. Gli arresti sono una cosa importante.

Fino a quando possono convivere pentitismo e civiltà giuridica?

Non dimentichiamo le verità alle quali siamo arrivati

grazie ai pentiti le cui affermazioni, la cui attendibilità, devono essere, naturalmente, ogni volta verificate.

Secondo lei scopriremo un giorno i segreti d'Italia?

Chi lo sa? In verità stiamo ancora aspettando di scoprire chi ha ammazzato Olof Palme e persino chi ha ammazzato Lincoln. E anche sull'uccisione di Giulio Cesare ci sono dei forti sospetti che ci fosse un complotto.

A proposito lei con chi sta, con Cesare o con Bruto?

Mai con chi organizza complotti. Purtroppo i grandi misteri sono quasi tutti insoluti. Perché per tutti vale il protocollo. La cosa che mi fa impazzire è che in questo paese qualcuno sa. Che in questo stesso momento, mentre noi parliamo, c'è qualcuno, forse qualche decina di persone, magari qualche centinaio di persone, che sanno tutto.

Ma chi è che sa? Ma quali sono le categorie che possono sapere?

Qualcuno. Qualche uomo politico. Qualche persona che ha navigato nei servizi segreti, sa. Possibile che su Ustica nessuno sappia niente? No, impossibile.

Ma lei crede davvero che ci sia questa capacità luciferina di tenere tanto a lungo segreti così? Siamo un paese di tali chiacchieroni....

Se sono persone coinvolte, che interesse hanno a parlare?

Sì, però su una questione come Ustica, sono talmente tante le persone coinvolte, che sembra impossibile poter mantenere il segreto.

Ma non è detto che tutte le persone coinvolte sappiano. Però sicuramente qualcuno sa chi ha detto all'«anarchico» Bertoli, quello della bomba alla Questura di Milano, di trasformarsi in anarchico, mentre invece era un agente dei servizi segreti. Qualcuno sa, qualcuno gli deve aver dato quell'ordine. E perché non ci racconta perché e per chi lo ha fatto?

Zapping su Sarajevo

Esistono guerre giuste e guerre non giuste?

In generale la guerra è ingiusta, la guerra uccide, la guerra porta povertà, la guerra va sempre evitata. Ma ci sono delle circostanze nelle quali la guerra si può fermare solo con la guerra. Temo che la Bosnia sia uno di questi casi. Il mondo non può assistere inerte ai genocidi, alle pulizie etniche, alle deportazioni. Il rabbino Elio Toaff ha scritto per «l'Unità» un articolo nel quale mette in relazione l'Olocausto e la tragedia dei bosniaci. Noi siamo contemporanei e consapevoli di una mostruosità. Noi sappiamo che un popolo sta per essere cancellato, distrutto, noi sappiamo delle separazioni tra gli uomini e le donne e i bambini proprio come ad Auschwitz e a Buchenwald. Non voglio essere ingenuo, so bene che non basta la violazione dei diritti perché ci sia la giusta reazione.

Ma concretamente? Che cosa risponde a chi mette in guardia contro il pericolo di una deflagrazione incontrollabile? Che argomenti ha contro chi invita alla Realpolitik?

Io dico questo: che se non bastassero, e sarebbe orrendo, il dolore e la morte della Bosnia, ci sono anche considerazioni di Realpolitik che consigliano una scelta decisa. È davvero così priva di conseguenze la formazione di una Grande Serbia nel cuore dell'Europa? È davvero così privo di conseguenze lo sterminio senza risposta dei musulmani di fronte ai fondamentalismi che bruciano intorno all'Europa? È davvero così privo di conseguenze che l'Onu si trasformi in un fantoccio incapace persino di difendere le zone che essa stessa ha dichiarato protette? Ecco le ragioni di Realpolitik, se quelle umanitarie non bastano.

Dopo quanto è successo a Sarajevo, ci vuole coraggio a dirsi occidentali. Quanto peserà la Bosnia sulle nostre coscienze?

Sarajevo è il buco nero della nostra coscienza, la zona d'ombra di un mondo che consuma questa tragedia come se fosse un telefilm: cambia canale, gira, gira dentro di sé, s'impressiona per una bomba che scoppia in un mercato e il giorno dopo se ne frega. Le cancellerie, secondo me, hanno compiuto un gigantesco errore all'inizio, quando hanno dato vita a quella sequenza di riconoscimenti a pioggia di tutte le possibili autonomie, senza preoccuparsi di trovare il modo attraverso il quale far convivere etnie tra loro così differenti. Vorrei che la Realpolitik si applicasse a salvare i più deboli. Purtroppo il realismo politico occidentale ed europeo è stato improntato a un'elevata dose di cinismo, ciascuno ha giocato la sua partita, qualcuno ha fatto anche i suoi affari mentre a Sarajevo muoiono in totale solitudine.

Tutte le vittime di tutte le guerre alla fine muoiono sempre sole con se stesse. Non è così?

C'è una grande differenza tra la vita quotidiana a Sarajevo oggi e, poniamo, la vita quotidiana dell'Italia del '43. Allora c'era la guerra, cadevano le bombe, c'erano i morti e le macerie, però dentro le case e i rifugi, chi soffriva e aveva paura sapeva che un giorno tutto questo sarebbe finito. Che qualcuno nella Resistenza in montagna o qualcun altro, con la divisa americana o australiana, combatteva per la sua, la nostra, libertà. Chi stava in quei rifugi sapeva di non essere solo. La gente di Sarajevo si sente disperatamente sola. Abbandonata da un mondo che consuma il suo dolore.

Ma in concreto? Faccio un'ipotesi: lei, Veltroni, adesso è il vicepremier. Che fa, manda i soldati oppure no?

L'Italia è il paese confinante più vicino e quindi il più esposto. Le conseguenze dovrebbero essere valutate attentamente ma quello che è certo è che l'Italia non si può sottrarre al suo dovere di sostegno a un eventuale intervento deciso dalla comunità internazionale. Ho sentito dire che non si possono mandare i nostri figli a combattere e rischiare di morire per la Bosnia. Ma lo stesso potrebbero dire le madri dei ragazzi ucraini o francesi che sono già laggiù. Lo stesso avrebbero potuto dire le madri dei soldati americani morti ad Anzio o a Cassino. Sono scelte dure, faticose. Ma, come, parlando di Sisifo, ricorda Hans Magnus Enzensberger nel suo *Prospettive sulla guerra civile*: «Fu condannato a far rotolare un pesante macigno fino alla sommità di un monte, in eterno. Questo macigno è la pace». E noi siamo destinati al sacrificio di portarlo ogni giorno in cima al monte per evitare che rotolando giù ci travolga tutti.

Alla fine, non sarebbe stato più giusto e perfino più semplice riarmare i musulmani, come voleva da anni la destra americana e come ha deciso il Congresso degli Stati Uniti?

Lo sarebbe stato. Poi è diventato troppo tardi. Non ci dimentichiamo che, a Zepa, abbiamo visto il paradosso di soldati dell'Onu che distruggevano le armi per non consegnarle ai bosniaci disperati. La comunità internazionale li ha disarmati. Poi li ha lasciati finire. Almeno fino a questo momento. E temo che la guerra divampi soprattutto fra Serbia e Croazia.

Le confesso che a me suona un po' fasulla questa improvvisa volontà guerriera di gran parte della politica italiana. Dov'è finita quella maggioranza pacifista che, a detta dei generali, ha fatto sì che le nostre Forze Armate siano totalmente inadeguate ad affrontare una guerra sporca e vera come quella di Bosnia?

Ma guardi che è proprio la maggioranza pacifista a chiedere che si faccia qualcosa. Mi ha colpito alla festa del giornale «Cuore», la reazione di un pubblico, considerato molto radicale, alla posizione di Fausto Bertinotti che negava l'evidenza della necessità dell'intervento e invocava non meglio precisate iniziative di pace. Il pubblico fischiò e applaudì l'esposizione della tesi opposta, proprio perché chi è pacifista non può sentire quella guerra come qualcosa che non lo riguarda direttamente. Non dimentichiamolo, in questi anni di totale assenza di iniziativa delle cancellerie, sono stati proprio i pacifisti cattolici e di sinistra ad andare a Sarajevo a portare soccorsi e viveri, a condividere quel dolore. Semmai c'è da lamentarsi che le forze politiche italiane siano state ferme per troppo tempo. Non si è fatta una manifestazione, un corteo, un comizio fino a quest'estate. Perché è facile scendere in piazza quando c'è da stare dalla parte di qualcuno contro qualcun altro. Quando i torti e le ragioni, i buoni e i cattivi sono chiari e rassicuranti. In Bosnia era tutto più difficile e si doveva produrre politica. Non solo solidarietà.

Che cosa resta a questo punto del ruolo dell'Onu?

Siamo a un punto limite: l'Onu non riesce a far rispettare le sue decisioni, neanche le più modeste, mostra di essere schiava del sistema dei veti anche in un mondo non più bipolare; l'Onu dimostra di non essere in grado di far chiudere le guerre con la pace. Dalla Somalia al Ruanda, dalla Cecenia all'ex Jugoslavia, l'Onu o è fuggita o ha accettato l'esito della guerra sul campo, cioè la vittoria del più forte. Che è il contrario della ragione stessa dell'esistenza di quell'organizzazione.

Allora, per stare a quello che dice adesso, lei tornerebbe a manifestare contro la guerra del Golfo?

Ci ho pensato. Ma penso che sì, tornerei a manifestare contro la guerra.

Anche lì si trattava però di decidere se intervenire oppure no per riparare un torto gravissimo, un'aggressione a un paese indipendente e inerme.

Mettiamola così. Quella guerra è stata una guerra strana, della quale non sappiamo il bilancio. Nessuno di noi sa quante migliaia di persone siano morte in quella guerra. Non hanno interesse gli americani a raccontarlo. Sappiamo però che il regime di Saddam Hussein ha resistito e con esso è continuato il genocidio dei curdi. Sappiamo anche che l'effetto è stato quello, e non è poco, di riportare al potere il legittimo governo del Kuwait. Se fosse stata l'Onu il centro reale delle decisioni, probabilmente sarebbe stato giusto contribuire. Però c'è una grande ipocrisia. Mentre io penso a questo: in quante altre zone del mondo c'è stato un decimo della mobilitazione che c'è stata lì? Per il Burundi, per le migliaia di morti del lago Victoria, chi si è mosso? Nessuno.

Però sono due cose diverse...

Ma solo perché c'è il petrolio: non è poco?

Ma è una cosa diversa, perché quella nel Burundi è una guerra interetnica, Saddam Hussein aveva invaso un altro paese.

Be', anche i serbi hanno invaso territori sovrani. Di conflitti di questa natura ormai, conflitti di confine ce n'è a decine. Io capisco anche che Saddam Hussein dovesse essere punito, perché altrimenti la sua espansione avrebbe costituito in quell'area un pericolo molto serio.

Come giudica il fatto che la politica estera dell'attuale amministrazione americana si sovrappone sempre più spesso con la politica del commercio estero?

Lì c'è un problema che è tutto americano: il problema del ruolo dell'America nel mondo.

Che però riguarda tutti noi.

Sì, ma la decisione è americana, nel senso che gli americani hanno deciso non di essere isolazionisti ma di non svolgere più una funzione di equilibrio nei confronti di un'altra grande potenza. Questa era stata in fondo la loro grande missione storica in Europa. E quindi la loro politica estera, da politica essenzialmente votata alla difesa rispetto alla minaccia dell'aggressione dell'impero del male, per usare l'espressione reaganiana, si è prevalentemente connaturata come politica economica, finanziaria e commerciale. Nei casi in cui i conflitti si sono aperti, io non sono per scaricare le responsabilità solo sugli americani. La colpa degli Usa è stata semmai quella di non sostenere appieno l'Onu. Ma è l'Onu che deve garantire la pace. Non gli americani.

Però c'è una tendenza in questa amministrazione, o almeno di una parte di questa amministrazione, a dire: il nostro interesse ormai è di guardare al di là del Pacifico, e non più al di là dell'Atlantico. Un bel cambiamento strategico.

È un cambiamento dovuto anche alla condizione economica interna degli Stati Uniti. La situazione è tale che o loro rimettono in moto, attraverso le esportazioni, l'economia americana, oppure il prezzo sociale che pagano rischia di essere devastante.

Si può decentemente sostenere ancora Boris Eltsin, in particolare dopo la Cecenia?

Boris Eltsin finora è stata una garanzia di unità della Russia. La Russia rischia di deflagrare terribilmente e quello sì rischia di essere un immane disastro, soprattutto in presenza della guerra nell'ex Jugoslavia. Una volta, a Mosca, il capo degli industriali, Arkadij Volskij, mi disse: «Il simbolo della Russia è un'aquila bicipite: una testa guarda a Est, l'altra a Ovest». La storia russa è la storia di questa divisione. Ed è certo che se la Russia si rompe, l'effetto di questa rottura ci toccherà in maniera molto pericolosa. Detto questo la gestione della crisi cecena è irresponsabile. È inaccettabile dal punto di vista dell'etica e anche dei risultati.

Non le sembra che rispetto all'Europa degli inizi, quella degli Schuman, degli Adenauer e in Italia degli Altiero Spinelli, l'idea europea sia francamente un po' scaduta?

Ma forse l'idea sì, però abbiamo fatti grandi passi in avanti. Se noi pensiamo a una moneta unica, a un'Europa senza frontiere, a un'integrazione crescente di mercati, abbiamo fatto grandissimi passi in avanti. È dal punto di vista politico che la cultura europea semmai ha fatto qualche passo indietro, nel senso che ci sono stati paesi nei quali, come succede in Inghilterra, lo scontro politico si è aperto proprio sulla prospettiva europea; lo stesso è in Francia dove Chirac voleva riproporre il referendum; così è stato in Italia, dove l'euroscettico Martino ha fatto il ministro degli Esteri. Dal punto di vista della sostanza il processo, come sempre avviene, è andato molto più veloce della politica.

Come valuterebbe il capitale Italia se dovesse piazzarlo sui mercati finanziari, mettiamo a Wall Street...

Oggi non lo so, lo saprò dire meglio dopo le elezioni. Perché i mercati che esplosero di gioia alla vittoria della destra il 27 marzo '94, poi l'hanno sperimentata al governo e ne hanno tratto insegnamento. Non per caso la lira e la Borsa sono andate bene dopo la vittoria del centrosinistra e malissimo dopo quella della destra nel referendum.

Dopo due governi di tecnici, che fine ha fatto il primato della politica?

Adesso è il momento che la politica torni. Adesso è il momento che la politica assuma le sue responsabilità, naturalmente sapendo che questi governi tecnici hanno operato bene e che noi abbiamo bisogno di competenze per governare. Ne avremo bisogno nel governo e sicuramente ne avremo bisogno nel metabolismo generale della decisione politica. Comunque ora è tornato il tempo della politica. Se l'Italia vuole avere governi stabili, che durino, c'è bisogno di politica.

Proviamo a fare il gioco della torre. Se lei fosse su una torre con le persone che le nominerò e fosse obbligato con la forza a buttarne giù una e salvare l'altra, chi sceglierebbe?

Ma no, questo è criminale.

Be', proviamoci lo stesso. Tra Berlusconi e Fini chi salva?

Dobbiamo proprio farlo? Diciamo Fini.

Salva Fini?

Sì. Salvo Fini. Paradossalmente è meno pericoloso.

Tra Occhetto e D'Alema?

Tutti e due. Mi butto io. Decidano loro.

Non può.

Occhetto e D'Alema, la mia risposta è decidano loro. Si mettano d'accordo loro.

Borrelli o Caselli?

Eh no, non posso. Che senso ha che io scelga tra Borrelli e Caselli?

Moratti o Confalonieri?

In questo caso salvo la signora.

Dini o Ciampi?

Salvo Ciampi.

Mastella o Casini?

Salvo Casini.

Buttiglione o Bianco?

Bianco.

Cossiga o Di Pietro?

Non so.

Fede o Liguori?

Tutti e due. Sono troppo forti.

Costanzo o Santoro?

Si mettano d'accordo loro.

Mentana o Cecchi Paone?

Mentana.

Panebianco o Adornato?

Eh, ma che domanda... Adornato, siamo amici fin da bambini.

Garavini o Bertinotti?

Garavini.

Scalfaro o Bobbio?

Tutti e due.

Scalfari o Montanelli?

Tutti e due.

Prodi o Veltroni?

Be', mi butto io. Però col paracadute.

Se dovesse scrivere una lettera agli italiani che cosa scriverebbe loro? Ecco carta e penna...

Prenderei, pari pari, una pagina famosa di Norberto Bobbio. È tratta del *Futuro della democrazia* e dice così:

«Se la democrazia è prevalentemente un insieme di regole di procedura, come può pretendere di contare su "cittadini attivi"? Per avere dei cittadini attivi non occorrono forse degli ideali? Certo occorrono degli ideali. Ma come non rendersi conto quali grandi lotte ideali abbiano prodotto quelle regole? Vogliamo provare a enumerarle?

Primo fra tutti ci viene incontro da secoli di crudeli guerre di religione l'ideale della tolleranza. Se oggi c'è una minaccia alla pace del mondo questa viene ancora una volta dal fanatismo, ovvero dalla credenza cieca nella propria verità e nella forza capace d'imporla. Inutile fare esempi: li abbiamo ogni giorno sotto gli occhi. Poi viene l'ideale della nonviolenza: non ho mai dimenticato l'insegnamento di Karl Popper secondo cui ciò che distingue essenzialmente un governo democratico da uno non democratico è che soltanto nel primo i cittadini si possono sbarazzare dei loro governanti senza spargimento di sangue. Le così spesso derise regole formali della democrazia hanno introdotto per la prima volta nella storia delle tecniche di convivenza, volte a risolvere i conflitti sociali senza ricorrere alla violenza. Solo là dove vengono rispettate queste regole l'avversario non è più un nemico (che deve essere distrutto) ma un oppositore che domani potrà prendere il nostro posto. Terzo, l'ideale del rinnovamento graduale della società attraverso il libero dibattito delle idee e il cambiamento delle mentalità e del modo di vivere: solo la democrazia permette la formazione e l'espansione delle rivoluzioni silenziose, com'è stata in questi ultimi decenni la trasformazione del rapporto tra i sessi: che è forse la maggiore rivoluzione dei nostri tempi. Infine l'ideale della fratellanza (la *fraternité* della rivoluzione francese). Gran parte della storia umana è una storia di lotte fratricide. Nella sua *Filosofia della storia* [...] Hegel definì la storia come un "immenso mattatoio". Possiamo dargli torto? In nessun paese del mondo il metodo democratico può perdurare senza diventare un costume. Ma può diventare un costume senza il riconoscimento della fratellanza che unisce tutti gli uomini in un comune destino? Un riconoscimento tanto più necessario oggi che di questo comune destino diventiamo ogni giorno più consapevoli e dovremmo, per quel poco lume di ragione che rischiara il nostro cammino, agire di conseguenza».

PARTE TERZA

IL FUTURO

Pensieri lunghi per il secolo che viene

Veltroni, a lei capita di parlare, citando Enrico Berlinguer, di idee lunghe e di idee corte. Ripartirei da qui per affrontare quest'ultima parte della nostra conversazione dedicata al futuro. A che cosa si riferisce con questo paragone? Chi ha idee lunghe e chi idee corte, oggi?

È vero, Berlinguer parlava di pensieri lunghi e pensieri corti. Penso che tutta la vita politica italiana sia stata dominata dal pensiero corto, dal gioco della tattica. Per molti anni la politica di questo paese è stata politicocentrica, l'autoreferenzialità è stata totale. I congressi, i convegni, i comitati centrali, e le cronache dei giornali su quegli argomenti si sono sempre soffermati sulla dimensione tattica: la politica era solamente un gioco di equilibri tra le forze politiche. La politica era l'apertura a questo o a quello, era il formarsi o lo sciogliersi di equilibri interni ai partiti in ragione delle alleanze con partiti o con correnti di altri partiti. La figura che ha interpretato in modo più elevato questa concezione della politica è stata quella di Aldo Moro. Ricorda le «convergenze parallele»? Forse più che Moro stesso, era il suo linguaggio a rappresentare la manifestazione più evidente di quella politica completamente chiusa dentro il proprio universo. Se durante un congresso di partito ci si alzava a parlare di un problema concreto, la sanità o la scuola, la gente usciva a prendere un caffè, aspettando che si tornasse a parlar di politica. E che cos'era la politica? Era sapere se stavi di più con i socialisti o se stavi di più con la Dc, o col Pci. Se ti mettevi a parlar di fisco o di occupazione, ti dicevano: «Quando viene la politica?». Perché la politica era il gioco politico. Ecco: questi sono i pensieri corti. Sono i pensieri che non investono una società nel suo cambiamento.

E per lei, par di capire, questa è un'abitudine soprattutto italiana, vero?

Mi pare proprio di sì. Non vedo congressi laburisti o dei socialisti francesi dedicati tutti al gioco delle alleanze. In Italia il problema è sempre stato quello delle alleanze, mai il merito. Il merito era sullo sfondo, era implicito, anche perché c'era una fortissima implicazione di tipo ideologico, c'era la Guerra Fredda. Adesso che tutto questo non c'è più, la politica dovrebbe tornare a occuparsi delle cose da fare.

È vero che c'erano implicazioni ideologiche, la Guerra Fredda per capirci. Ma c'era anche la sostanza del sistema istituzionale italiano: il proporzionalismo che ci avevano consegnato i padri costituenti.

Esatto. Il sistema istituzionale e il sistema elettorale portavano tutta la vita politica a concentrarsi sulle alleanze. Quando sono andato alla convention democratica del '92, negli Stati Uniti, quella in cui Bill Clinton ottenne l'investitura, l'apparenza era tutta palloncini e cotillons e invece ho assistito a un dibattito politico serissimo. Sì, quando arrivava Clinton suonavano la canzone dei Fleetwood Mac e scendevano i palloncini, ma per il resto, hanno passato ore e ore a discutere di Aids, di sanità, di occupazione. In Italia se uno si alzava a parlare dell'Aids, magari gli facevano un applauso di circostanza e poi, tutti lì a chiedersi: «Ma quand'è che ci parli dell'alleanza con Bossi, o con la sinistra democristiana o con Craxi?».

E quali sono invece i pensieri lunghi?

I pensieri lunghi della politica sono gli unici pensieri che possono affascinare, che possono coinvolgere, che possono ridare ossigeno alla politica. I pensieri corti si consumano nello spazio di un mattino. I pensieri lunghi sono quelli che chiamano la politica a immaginare il paese che si vorrebbe.

Ma chi è uno che pensa lungo?

Berlinguer pensava lungo. Sicuramente Berlinguer pensava lungo e pensava in anticipo. La questione morale era un pensiero lungo. L'austerità era un pensiero lungo. Il primo centrosinistra era un pensiero lungo; lo era la programmazione di Antonio Giolitti e Giorgio Ruffolo. Ci sono stati grandi pensieri lunghi che hanno attraversato la vita politica italiana. Mattei pensava lungo, no? A suo modo. Così come La Pira o Dossetti o La Malfa. Sì, Ugo La Malfa era uno che aveva il pensiero lungo. Insomma, ci sono state persone che hanno proiettato il loro sguardo oltre la dimensione della tattica e hanno introdotto nella vita politica italiana delle grandi questioni di contenuto. In fondo la politica è stata molto finzione, è stata come in quel film di

Luis Buñuel, *L'angelo sterminatore*, in cui tutti pranzano e alla fine si accorgono che nessuno può uscire e quella stanza diventa una prigione seppure non abbia le grate. La politica italiana è stata una grande tavolata nella quale tutti parlavano, tutti discutevano ed erano tutti l'uno prigioniero dell'altro, prigionieri del ruolo che gli era imposto in questo schema.

Oggi, invece, qual è un pensiero lungo?

Il federalismo è un pensiero lungo, non c'è dubbio. Al di là del modo un po' pittoresco e colorito con il quale è stata presentata, l'idea del federalismo è un pensiero lungo. Mi sarei augurato che la destra producesse un pensiero lungo e invece fin qui la destra ha prodotto pensieri cortissimi. La destra ha scarsissima attitudine programmatica e grandissima attitudine al gioco politico.

Cioè attitudine al corto?

Sì, al gioco molto corto, al gioco quotidiano, al gioco su quando si fanno le elezioni, al gioco tutto ritmato dal tamburo della vita politica quotidiana.

Ma questo perché, secondo lei?

Perché la destra non ha in Italia una tradizione di cultura programmatica tale da qualificarsi per idee impegnative da quel punto di vista. Questo è avvenuto anche per via di un difetto italiano: una certa egemonia culturale della sinistra, l'idea che solo la sinistra fosse la cultura, il che non è vero. C'è stata, infatti, cultura di destra, ma la cultura di destra, un po' per il suo essere stata minoritaria, di contrasto nei confronti della egemonia culturale della sinistra, un po' perché non si era mai cimentata con il tema del governo, non si è mai occupata di trovare soluzioni e politiche per il paese. Ecco, se vogliamo, a sancire la differenza tra la destra italiana e la destra straniera, basti ricordare che dietro a Reagan c'era Milton Friedman, c'era una teoria economica di rilievo, impegnativa.

E dietro a Berlusconi?

C'è nebbia. Lo dico seriamente: non c'è un pensiero economico e politico forte.

A dire il vero, dietro a Forza Italia ci sono anche persone come Fisichella, Urbani, Ricossa, Martino...

...che non sono Milton Friedman. Obiettivamente Martino non è come Friedman.

Be', è un allievo di Milton Friedman.

Appunto. Se uno si chiedesse, un anno e mezzo dopo la famosa discesa in campo di Berlusconi: qual è l'idea programmatica della destra? Nessuno sa rispondere. Il milione di posti di lavoro? Era chiaramente una balla come, purtroppo, si è visto. La destra non si è qualificata per un'idea programmatica. La destra si è qualificata per l'ideologia. Siamo tornati nel tempo dell'ideologia, altro che pensieri lunghi. Sono pensieri lunghi voltati all'indietro.

Su chi pensa lungo oggi, però, lei non mi ha risposto.

Dice uomini politici che pensino lungo? Le ho detto: pensieri lunghi sono le pari opportunità, l'investire sul capitale umano, la crescita giusta. So che sembra ovvio che io dica che le nostre idee sono pensieri lunghi, però lo dico.

Tra cinque anni, nascono un nuovo secolo e un nuovo millennio. Da politico, a suo avviso, quali problemi ne caratterizzeranno l'inizio?

Temo che il ventunesimo secolo si ritroverà di fronte al quesito dei secoli che lo hanno preceduto, quello della guerra e della pace. Credo che l'inizio sarà segnato da questo grande interrogativo: sapere se il mondo riuscirà a ritrovare un equilibrio, o invece lo perderà definitivamente; se il nuovo secolo sancirà la possibilità di convivenza tra gli uomini senza conflitti o se invece il complesso dei conflitti che accompagnano questa fine secolo – ovvero il conflitto tra povertà e ricchezza, il conflitto religioso, il conflitto etnico, il conflitto tra interessi economici – tenderà ad esplodere. Questo, secondo me, è il primo grande interrogativo dell'inizio del nuovo secolo. Un altro riguarda il rapporto con il terzo e il quarto mondo: è necessario uno sviluppo che metta quei paesi in condizione di competere, o, se non altro, di risolvere le grandi contraddizioni nelle quali si dibattono. Il pericolo è che possa succedere, per il terzo e quarto mondo, quanto è successo per altre aree proprio a cavallo dei secoli precedenti. Infine, il nuovo secolo sarà il secolo delle tecnologie, delle grandi innovazioni tecnologiche, quello in cui si dispiegheranno maggiormente gli effetti di alcune grandi innovazioni del secolo che ci lasciamo alle spalle, come telefono, televisione, computer, aerei e navi spaziali, biotecnologie e ingegneria genetica. E il secolo nuovo dovrà decidere se salvare l'acqua, l'aria, la Terra che oggi sono in pericolo.

Innovazione tecnologica, d'accordo, ma con quali sbocchi?

Guardi, noi ci troviamo in questa contraddizione: abbiamo ottenuto successi materiali straordinari ma perso molto in qualità della vita; la qualità della nostra vita è molto peggiorata dal punto di vista degli agenti esterni. I tempi della nostra vita si sono fatti più concitati; le relazioni umane più frantumate; l'agonismo sociale più esasperato; le nostre città si sono imbruttite, sono violate dal traffico e dalle macchine. Il sapore delle cose non è più lo stesso di un tempo. Abbiamo perduto molto. Naturalmente, abbiamo anche avuto molto: una ricchezza di opportunità e di scelte quale mai nessun'altra generazione si è trovata di fronte...

Appunto, ormai si parla di prolungare la vita fino a 120 anni. E allora, ci guadagniamo o ci perdiamo?

Io ho una grande fiducia nella scienza, nella ricerca, nell'innovazione. Il futuro del mondo è lì: non sembri un paradosso ma il mio sogno è che sia possibile per l'umanità utilizzare la scienza e la tecnologia per ricostruire la qualità della vita che avevamo nel passato. Io vorrei che l'acqua tornasse pulita, che le città avessero meno traffico, che l'aria fosse di nuovo respirabile. Tutto ciò è possibile. E necessario. E siccome è necessario, non c'è mai stata, nella storia dell'uomo, opportunità più favorevole. Le faccio un esempio concreto che ci consente di ragionare sui fatti politici di casa nostra. Siamo a cinque anni dal Duemila. Cinque anni sono cinque capodanni, cinque campionati di calcio, niente. Be', tra cinque anni la nostra vita sarà certamente già diversa in modo radicale rispetto a ora. Tra cinque anni, attraverso il computer, noi potremo lavorare da casa, potremo studiare da casa, potremo dialogare, potremo acquistare, potremo controllare i nostri conti in banca, potremo avere i certificati che ci servono, potremo usare la moneta elettronica. La nostra vita cambierà, i tempi della nostra vita cambieranno. Non dovremo più muoverci da casa per andare allo sportello tre della ripartizione quattordicesima per avere un certificato: sarà tutto automatizzato. Non dovrò più spostarmi da casa per andare a lavorare; il mio datore di lavoro non dovrà più preoccuparsi dell'orario ma della qualità del mio lavoro. Avremo una missione da assolvere più che un orario da rispettare, dei compiti definiti da svolgere entro un dato tempo che ci organizzeremo elasticamente. Si tratta di una gigantesca rivoluzione, proprio come lo è stata la rivoluzione industriale. Adesso farò una citazione che confermerà a Berlusconi che siamo vecchi comunisti, bolscevichi e inossidabili nelle nostre certezze. Ci sono delle bellissime pagine di Federico Engels, quelle più letterarie sulla situazione della classe operaia in Inghilterra, nelle quali si racconta la trasformazione delle città, il formarsi delle città lungo quel tempo. Ecco, noi vivremo qualcosa di paragonabile a quella trasformazione.

Be', se il paragone è con la condizione della classe operaia in Inghilterra nel secolo scorso, c'è da avere i brividi, tenuto conto della miseria e della disperazione che quella grande trasformazione provocò.

No. La trasformazione potrà avvenire senza le tragedie della Rivoluzione industriale, a condizione che ci sia una guida; a condizione che se ne occupi la politica. Altrimenti, certo, tutte queste opportunità si risolvono nel loro contrario, altrimenti correremo il rischio orwelliano: il controllo sulla nostra esistenza e una frammentazione e una parcellizzazione della vita ancora più forti di oggi. Come scriveva Tocqueville: a proposito della Rivoluzione industriale «Da questa roggia melmosa scaturisce la più grande corrente dell'industria umana a fertilizzare il mondo intero. Da questa sudicia fogna scorre oro puro. Qui l'umanità raggiunge il suo sviluppo più completo e più brutale, qui la civiltà opera i suoi miracoli e l'uomo civile si trasforma quasi in selvaggio».

Ma, tanto per valutare rischi e vantaggi, ci dobbiamo fidare dell'ottimismo dei nuovi pensatori della realtà virtuale come Nicholas Negroponte, [direttore del Media Lab al Mit di Boston, N.d.R.*]? Costoro sostengono che non c'è nulla da temere dalla rivoluzione elettronica. Ma sarà vero? I filosofi segnalano preoccupati la quantità di informazione necessaria al semplice aggiornamento tecnologico; il formarsi di nuove élite di addetti ai lavori; il prevalere di processi veloci, astratti e sempre più settoriali e il decadere di strumenti di verifica lenti come il semplice dubbio. Gli esperti di informatica lamentano le perdite di tempo che sono costretti a subire e ricordano come il cosiddetto pensiero digitale non possa tener conto dei parametri utilizzati da storia o filosofia, sotto pena di perdere d'efficacia e decadere. Chi ha ragione?*

Bisogna stare attenti a non seguire una logica che si divarica. Da un lato l'innovazione procede con la velocità che le è propria, che è quella di trasmissione di un bit. E allora accade che quello che il giorno prima era nuovo, diventa obsoleto. Questo procura grande incertezza, quasi antropologicamente. Mai la vita dell'uomo è stata segnata da una tale rapidità di mutamenti e questo comporta una grande sensazione di instabilità, di inadeguatezza. Ogni cosa che faccio è una cosa destinata a decadere in tempi brevissimi, per ogni strumento che uso probabilmente già domani ce ne sarà uno di potenza superiore. Quindi la mia attenzione è costantemente sollecitata a essere alla pari, a competere avendo tutti gli strumenti a disposizione. Ma se l'innovazione cresce con la velocità di trasmissione di un bit e invece la politica è ferma, la divaricazione produrrà una situazione molto pericolosa. La politica ha bisogno di accompagnare la tecnologia. O lo fa oppure i cortocircuiti saranno molto forti. Faccio un esempio concreto: prendiamo la *Lettera a una professoressa della scuola di Barbiana*: io penso che tra dieci anni un nuovo Don Milani potrebbe scrivere una lettera a un computer invece che a una professoressa. Voglio dire che il computer può rifare la gerarchia di classe. Il computer, per la sua struttura linguistica, per il suo apparato concettuale, richiede che ci sia un grandissimo processo di erudizione di massa. Noi dovremo combattere l'analfabetismo tecnologico così come abbiamo combattuto l'analfabetismo delle vocali; dovremo fare una grande campagna per insegnare l'inglese, dovremo aiutare questo mondo a essere più capace di conoscersi, di dialogare. Se non sarà così, se non ci sarà la politica ad accompagnare tutto questo, se non ci saranno regole del gioco, allora la crescita tecnologica potrà portare davvero a squilibri sociali, geografici, etnici assolutamente non governabili.

D'accordo, la politica deve marciare per quanto possibile di pari passo con la tecnologia. Allora, le chiedo, prendendo un esempio concreto: ma ce lo vede lei il ministero italiano delle Poste che dialoga con il Mit?

La domanda è giustissima, perché sembra assolutamente grottesco in Italia pensare di poter saldare un apparato clientelar-burocratico come il ministero delle Poste con uno dei cervelli pensanti del mondo come il Mit. In America l'idea che un ministero delle Comunicazioni si colleghi con il Mit è del tutto ovvia, è del tutto naturale. Questo è uno dei salti in avanti che dobbiamo fare. Il centrosinistra deve far diventare Palazzo Chigi, i ministeri, dei centri di intelligenza collettiva. Noi dobbiamo chiamare a raccolta le migliori energie che ci sono, possibilmente operando anche un passaggio generazionale. Sì, ci vuole una rottura, perché la generazione che oggi ha tra i venticinque e i quarantacinque anni è molto libera dagli schemi e dagli stereotipi del passato. Ed è quella che, nelle imprese e nelle università sta cambiando i ritmi, quella che ha più dimensione internazionale, più apertura al nuovo. E anche maggiore spirito etico. Quella che pensa a una nuova relazione tra industria e collettività, una nuova idea dell'impresa. Prenda il caso di Giovanni Alberto Agnelli. Ma anche di tanti giovani protagonisti della rinascita della piccola e media impresa italiana. Bisogna poi che i ministeri, i luoghi della decisione politica, diventino anche luoghi di conoscenza, devono diventare delle strutture trasparenti di sapere e comunicazione. I luoghi della decisione politica devono cessare di essere luoghi chiusi e devono diventare invece strutture aperte. Per prendere una decisione politica, devo poter attingere alle migliori consulenze. La decisione e la responsabilità politica sono mie e me le assumo tutte, ma prima, nel momento della formazione della decisione, devo aver potuto ascoltare tutti i dati, tutte le indagini, tutte le analisi e tutti i pensieri delle persone che hanno maggior esperienza in questo campo. Se noi faremo questo, quel possibile collegamento tra il ministero delle Poste e il Mit apparirà domani molto meno grottesco di quanto in realtà non appaia oggi.

Mi permetta di essere più pessimista di lei. Le ricordo che questo è il paese dove, se uno vuole vendere un'automobile, deve andare dal notaio.

Esatto. Infatti uno dei grandi problemi da affrontare, come abbiamo detto, è la delegificazione. Il centrosinistra deve essere questo, uno dei pensieri lunghi del centrosinistra deve consentire di costruire un paese in cui i mutamenti siano percepibili dai cittadini nella vita quotidiana. Lo Stato non deve apparire esattore e ostacolo, ma regolatore e fornitore di opportunità. Il sistema legislativo in Italia può facilmente correre il rischio dell'incoerenza. D'altra parte io vedo come funziona: tu vai in parlamento, a forza di emendamenti presentati per ragioni e interessi di questo o di quello vengono fuori delle leggi che sono un dedalo di contraddizioni già in sé. Per questo ci vogliono il sistema maggioritario e la responsabilità politica. Noi vogliamo delegificare, noi vogliamo un apparato che controlli le leggi che ci sono, vogliamo rimettere in moto la creatività del paese, e questo può avvenire solo se non ci sono troppi lacci, ma regole chiare e rispettate.

Ci state già lavorando?

C'è già un gruppo di persone attorno a Prodi che sta lavorando a questo obiettivo. Ma voglio qui precisare una cosa. L'esistenza di 150.000 leggi, apparentemente, farebbe pensare a uno Stato fortissimo, no? Uno Stato che fa 150.000 leggi dovrebbe essere uno Stato prussiano. E invece è esattamente il contrario. È per avere uno Stato debole che sono state fatte 150.000 leggi. Più leggi fai, più prescrittività metti. Più è debole l'apparato, più il potere politico svolge la sua funzione che è quella che gli è stata propria, la funzione di intermediazione. In Italia lo Stato doveva essere debole; in Italia gli sportelli delle Usl non dovevano funzionare, dovevano funzionare invece le segreterie degli uomini politici, consiglieri comunali, provinciali, regionali. Cioè tu non puoi rivolgerti allo sportello di una Unità sanitaria locale, perché lì sai che non passerai mai, devi andare dal politico che ti risolve il problema. In Italia non c'è una tradizione come quella dell'Ecole Nationale d'Administration in Francia, non c'è un'idea dello Stato leggero e autorevole. Lo Stato è un gigantesco apparato burocratico inefficiente. L'operazione che noi dobbiamo fare è esattamente questa: cambiarlo. E non sarà un'operazione indolore.

Ammesso che ve la lascino fare, richiederebbe un secolo...

No, richiede dieci anni.

Se fossi in lei sarei meno ottimista...

Ripeto, richiede dieci anni. E però, se non la si comincia, ne richiederà venti, poi trenta, e poi cento. Invece ci vuole presto uno Stato leggero ed efficiente. Anzi, leggero, autorevole ed efficiente.

Che cosa sceglie tra liberalismo, socialdemocrazia o terza via?

Liberalismo, sicuramente. Liberalismo e anche, però, quella sensibilità nei confronti delle ragioni della giustizia sociale che è propria della migliore tradizione del socialismo democratico in particolare di quello del Nordeuropa.

Lei risponde: liberalismo, però con alcuni elementi di socialdemocrazia. Ma che vuol dire?

Vuol dire: elementi di equità sociale. Ho detto in precedenza che sono parimenti necessarie formazione e pari opportunità. Mi spiego meglio: io credo che il problema di uno Stato democratico non sia quello di preoccuparsi della fine del percorso della vita di un uomo, ma dell'inizio. Il problema fondamentale di uno Stato democratico è mettere due ragazzi, uno povero e l'altro ricco, nella stessa condizione di dimostrare le loro capacità nella vita.

È vero che quasi tutti, oggi in Italia, si definiscono liberali. Non è un po' sospetto?

Sì, ma sa, le definizioni... ci si può definire anche botanici ma poi bisogna mostrare di saper conoscere le piante, di saperle far crescere.

Ma se qui tutti si dicono liberali, finisce che non c'è più neanche bisogno di votare. No?

Io penso che il dirsi liberali sia normale. Oggi non dovrebbe esserci neanche il bisogno di dirlo. Per la sinistra è un valore dirlo, perché la sinistra ha un passato, una storia, una tradizione ideologica che non può proprio più identificarsi con la pianificazione centralizzata, con l'abolizione della proprietà privata, col collettivismo e la soppressione delle libertà individuali.

Scusi sa, ma guardi che per mezzo secolo e più la parte egemone della sinistra, quella comunista, pur con tutti i debiti distinguo, era partecipe di quel mondo là. Mi creda, fa un certo effetto, oggi, sentir lei decantare come normali per la sinistra le virtù liberali.

No. A me, no. Anzi io, la cultura liberale, l'ho vissuta fin dalle origini della mia formazione di sinistra.

Diciamo che storicamente la sinistra, una parte della sinistra, si può certo definire liberal. Ma liberale francamente no.

Ma liberale che cosa significa? Significa che io voglio intanto garantire il massimo dispiegamento di tutte le libertà di opinione, di informazione, di stampa; poi che voglio garantire l'accesso al mercato a tutti i soggetti; e infine che voglio garantire eguali opportunità di accesso alle sfide della vita. Cosa c'è di male?

Per me nulla. Ci mancherebbe. Senta, allora diamo un addio per sempre a Marx? Oppure, come dice il grande storico revisionista François Furet, dovremo fare ancora i conti con molte delle sue idee?

Dovremo tenercelo. Marx è importante, è stato importante nella storia della cultura e del pensiero politico.

Sa, dopo l'89 sono fiorite centinaia di inchieste giornalistiche sulle biblioteche da buttare, e in prima fila c'erano sempre tutti i tomi del Capitale.

Mai buttare i libri. Rischi di scoprire che quello che hai buttato un giorno, dieci anni dopo ti torna improvvisamente utile.

Quindi ci teniamo Il Capitale*?*

Sì, tenerlo. Tenere il pensiero politico applicato; il pensiero politico economico applicato è un passaggio decisivo della storia, il formarsi della classe operaia, la Rivoluzione industriale e le prospettive di riscatto dei più deboli. Se lei mi dovesse chiedere chi metterei all'ultimo piano della libreria, le risponderei Lenin, non certo Marx.

Bit revolution

Lei prima ha parlato del rischio di ritrovarsi davvero con un Grande Fratello: non sarà che a forza di gridare al lupo al lupo, rischiamo di non vederlo più quando arriva?

Quello che voglio dire è che se qualcuno terrà sotto controllo la mia scheda medica, il mio conto in banca, le mie comunicazioni, io non sarò un uomo libero, non sarò un uomo pienamente sovrano, qualcuno potrà sapere tutto di me. Mentre la conoscenza di sé e della propria storia dovrebbe essere riservata alla privacy. A questo proposito, invito a leggere un importante lavoro fatto da Stefano Rodotà sui diritti delle persone in relazione alle nuove tecnologie; un lavoro unico in Italia e che merita larga diffusione.

Il pericolo in questo campo è che il massimo di libertà concessa da questi strumenti rischia di coincidere con il minimo di autonomia e garanzia di libertà individuale. Come va affrontato il problema, ci vuole un'altra legge? Ma se abbiamo appena detto che dovremo eliminarne migliaia?

La privacy è una delle poche cose da regolare per ciò che riguarda la tecnologia.

Allora le pongo un problema concreto: come saprà, il governo americano dietro istanza dell'Fbi e del ministro della Giustizia, ha proposto di inserire per legge all'interno di ogni computer venduto in America, un microchip – chiamato Clipper – *che consenta alla polizia il controllo a distanza in qualsiasi momento lo richiedano motivi di sicurezza. Naturalmente tale procedura, promette il governo, sarebbe garantita dalla legge così come lo sono le intercettazioni telefoniche. L'industria ma soprattutto la stragrande maggioranza degli utilizzatori dei computer sono totalmente contrari in nome del diritto alla privacy. Dicono: «Una volta accettato il principio, chi ci garantisce che non ci saranno controlli indiscriminati?».*

Giustissimo.

Aspetti. A sua volta, il governo americano, cioè il governo della maggiore democrazia del mondo, risponde: «Ma noi come facciamo a garantire la sicurezza dei cittadini se narcotrafficanti, mafiosi e terroristi possono comunicare senza farsi scoprire da noi?». È accaduto infatti che alcune tecniche segrete per rendere indecifrabili i messaggi via computer siano state inserite da esperti su Internet a disposizione di chiunque. In questo caso a chi bisognerà dare ragione?

Intanto partiamo da qui. La proposta del governo americano di sottoporre ciascun cittadino che ha un computer alla registrazione delle proprie comunicazioni è una cosa che confina con il controllo assoluto sull'esistenza individuale.

La questione però è complicata dal fatto che coloro che, in nome della totale libertà di comunicazione informatica, hanno inseri-

to su Internet questi codici che servono a mascherare i messaggi in modo perfetto, hanno usato delle formule finora a conoscenza soltanto dei grandi apparati militar-industriali o dei servizi segreti, un sistema praticamente intraducibile. Il governo dice: «Se anche lui avesse usato questo sistema, non avremmo mai potuto incastrare John Gotti», il capo dei capi della Mafia americana, spedito all'ergastolo da un pentito e dalle intercettazioni dell'Fbi.

Ma questo è un problema che esiste anche con le comunicazioni telefoniche. Se io telefono in un codice che mi sono dato con il mio interlocutore tu non puoi controllare le mie comunicazioni. Loro devono trovare uno strumento per controllare le comunicazioni che vanno da un computer a un altro computer. Non possono controllare l'esistenza individuale di ciascun cittadino.

Umberto Eco, l'abbiamo già accennato, vede così il futuro prossimo: una maggioranza di schiavi dipendenti dalle tivù e poi gli uomini liberi, capaci di colloquiare tramite computer. Secondo lei è uno scenario credibile?

Dicevo prima che questo è uno dei rischi. Io però non credo che la televisione si svilupperà ancora come negli ultimi cinquant'anni. La televisione sarà progressivamente sostituita dal computer, proprio perché quello favorisce la libera scelta. La televisione alla fine della sua corsa tornerà a essere ciò che era in origine, cioè uno strumento che annulla il tempo e lo spazio. Io sono a casa mia e sono a Sarajevo. La televisione è diventata una vita virtuale, è diventata una dilatazione dell'esistenza individuale. Io non so nulla dei miei vicini di casa, di quelli che vivono con me, ma so tutto degli ospiti del *Costanzo Show*. Una condizione abbastanza paradossale, no? L'uomo vive in rapporto con ciò che gli è lontano invece che con ciò che gli è vicino.

Ma questa è esattamente la metafora della televisione.

E finirà. Questo finirà. La televisione sarà sostituita dalla possibilità di libera scelta che ci verrà data dal computer.

E secondo lei, la politica in Italia è pronta ad occuparsi di questi problemi? C'è sufficiente visione lunga?

Ci sono culture politiche che sono andate oltre. Basti pensare al vicepresidente americano Al Gore, all'ex presidente dell'Unione europea Jacques Delors, al Commissario europeo Martin Bangemann. In Italia l'unico argomento che appassiona è la data delle elezioni. Ecco: questa è la differenza tra pensieri lunghi e pensieri corti. Ma la sostanza dei fatti non cambia: o riusciremo a realizzare una grande campagna di alfabetizzazione per il computer e le lingue straniere, oppure rischiamo davvero di riprodurre una grande iniquità, una grande ingiustizia. Avremo poche persone al centro del mondo e tutte le altre incapaci di decisione. Se vuole rafforzare la inquietudine le offrirò molto materiale. In primo luogo la solitudine. Se lavoro a casa, se acquisto da casa, se studio e mi diverto da casa, sarò più solo. Produrrò beni per il consumo e li consumerò, al limite senza mai vedere nessun altro essere. Continuiamo questo gioco dark? Cambierà radicalmente una casa del futuro, se Internet potrà contenere tutti i libri, tutti i dischi o i video del mondo? Se dentro il mio computer potrò conservare documenti e corrispondenza? Estremizzo, ovviamente, ma per vivere potranno bastare una cucina, un bagno, una sedia, un letto, un computer. Il resto è inutile. Umberto Galimberti, recensendo il libro di Nicholas Negroponte *Essere digitali* ha scritto: «La rivoluzione ha del copernicano perché il mondo non è più ciò che sta, ma a stare (seduto) è l'uomo e il mondo gli gira attorno. Capovolgendo i termini con cui, dal giorno in cui è comparso sulla terra, l'uomo ha fatto esperienza. Se il mondo viene a noi, noi non "siamo-nel-mondo", come vuole la famosa espressione di Heidegger, ma semplici consumatori del mondo». Sono i rischi che corriamo, alcuni, neanche tutti. Ma si può aprire la bocca disperati come nel *Grido* di Munch. O cercare le soluzioni.

Io però non ho capito se lei è ottimista o pessimista al riguardo.

Vede, noi oggi abbiamo una grande opportunità. Don Milani, nella *Lettera a una professoressa*, diceva: «Sono i poveri che devono ripetere. Le classi povere fatele ripetere, alle classi medie fate fare le ripetizioni, per le classi più ricche è già tutto ripetuto, perché quello che devono studiare a scuola lo hanno già sentito a casa loro». È una cosa molto bella. Sarebbe straordinario, dal punto di vista della giustizia, delle pari opportunità, dell'equità sociale, se un ragazzo che vive in una famiglia povera ma possiede un computer, potesse accedere, come oggi è già possibile, a tutte le banche dati del mondo. A casa sua non ha i soldi per comprarsi i libri, non ha i soldi per avere una biblioteca, ma ha un computer e con quello legge Thomas Mann, legge la ricerca di uno scienziato... Pensi che grande annullamento di distanze e di barriere. Da questo punto di vista le tecnologie sono davvero la grande opportunità del genere umano per rifare qualità della vita ed equità sociale. O, perlomeno, equità di conoscenza, che nella società nella quale vivremo corrisponderà in larga parte all'equità sociale.

Diciamo allora che in lei è forte l'ottimismo della volontà. È così?

No, non è così.. Però io sono un uomo politico, ho il dovere di vedere le opportunità nelle cose, non posso limitarmi ad accettarle come sono, altrimenti dovrei fare un altro mestiere. Non posso limitarmi a vedere, come pur vedo, gli elementi di inquietudine evocati da una tecnologia. Il mio sforzo deve essere quello di dare alla mia comunità la possibilità di vivere meglio. E siccome credo che le tecnologie racchiudano in loro stesse una straordinaria possibilità, io devo saperla cogliere. Devo cambiare la società e la mia comunità in modo tale da poter cogliere le opportunità, evitando i rischi.

A proposito di satelliti, cavo e autostrade informatiche, sono una realtà davvero così vicina anche per l'Italia o ci vorranno ancora tempi lunghissimi?

No, no. Stiamo parlando di tempi molto rapidi. Telecom assicura che dal primo febbraio 1998 collegherà dieci milioni di abitazioni ai servizi. Tutto sarà a regime nel Duemila ma appunto, il Duemila è già qui. Ma c'è una condizione, il Duemila tecnologico deve assolutamente riguardare il Sud. Le tecnologie devono crescere, contemporaneamente a Napoli e a Milano. Cristo non può fermarsi, ancora una volta, a Eboli.

Va bene. Ammettiamo pure che satellite e cavo consentono una serie di operazioni rivoluzionarie. Che avvicinano gli utenti sia all'interno di un paese sia al di fuori. A questo punto sorge un altro problema: che cosa ci mettiamo dentro? E soprattutto chi decide che cosa ci mettiamo dentro?

Ma chi decide è il mercato, non ci può essere nessun

altro. Lo Stato si deve preoccupare solamente di fare in modo che a produrre siano in tanti. Non ci può essere nessun altro sbarramento. Però, ripeto, lo Stato deve fare in modo che ci siano tanti soggetti che mettono in circolo tante idee diverse. Questa sì è una garanzia indispensabile.

Quindi nessuna posizione dominante?

Nessuna posizione dominante, nessuno statalismo. Questi sono i due difetti delle stagioni che, nel campo televisivo, abbiamo vissuto fin qui: un eccesso di statalismo e un eccesso di posizione dominante.

Ma chi garantisce che ci siano servizi, informazione, didattica e buone regole di comunicazione? Basta davvero solo il mercato?

Guardi, la parte di servizio sarà inevitabilmente assorbita dall'altro strumento, il computer, perché sarà interattivo. Un Cd-Rom evoca immagini, suoni, colori e possiede un potere superiore a quello della televisione, cioè molto gratificante, molto divertente. Un bambino che studia l'inglese, lo studia molto meglio col Cd-Rom o con i corsi su computer piuttosto che con la televisione. C'è un passaggio di potere. Io sento il passaggio di tecnologia come un passaggio di potere: la televisione apparirà come è apparsa la radio, cioè uno strumento che avrà un di meno tecnologico, perché la televisione non ti consente di dialogare; quando dialoghi sia su Cd-Rom sia su Internet ti senti attivamente impegnato, scegli tu. E questa sensazione, questo effetto di padronanza sulla tecnologia è quello che consentirà il salto.

Benissimo. C'è però un altro aspetto da affrontare. La televi-

sione, o almeno quella parte della televisione che fornisce servizio pubblico è gratuita, costa solo il prezzo del canone. Mentre computer, modem, dischetti, assistenza, gestione e uso del telefono, hanno costi elevati.

Già, ed è esattamente la responsabilità della politica risolvere questo problema... Ma, d'altra parte è stato così con l'istruzione, no? È così con la sanità. I grandi mutamenti chiedono sempre che il potere politico promuova il numero più alto di cittadini al rapporto con questi mutamenti. O noi faremo questo o tutti i rischi di cui lei parla diverranno fatti concreti. Con una aggiunta però: io non penso che la televisione sparirà assolutamente, penso che la televisione resterà, è restata la radio, non vedo perché dovrebbe sparire la televisione. Però è anche vero che tutti i costi si stanno abbattendo. Negroponte parla di un futuro in cui il computer costerà meno di duecento dollari, cioè meno di un televisore.

Sì, ma un computer richiede manutenzione, installazione di programmi, spesa telefonica, aggiornamento continuo. I costi sono ben diversi rispetto alla televisione.

Lo so, ma anche usare la lavatrice è più costoso che lavare i panni a mano eppure la stragrande maggioranza la usa. Mi viene in mente, a questo proposito, che esiste un indice statistico per valutare il grado di ammodernamento di un paese basato proprio sugli apparecchi domestici. Lo vuol conoscere? Si tratta di verificare la quota percentuale di famiglie che possegono un apparecchio domestico. Per apparecchi domestici si intende tivù, videoregistratore, compact disc, home computer, forno a microonde, lavatrice, asciugatrice, lavastoviglie. Ecco qualche dato. Televisioni:

tutti i paesi europei stanno tra il 94 per cento della Francia e il 98 di Italia e Regno Unito; videoregistratori: dal 25 dell'Italia, che è il punto più basso, al 58 del Regno Unito, il più alto; compact disc: dal 9 dell'Italia al 43 dell'Olanda; home computer: dal 12 dell'Italia, ancora il più basso, al 22 del Regno Unito. Nella somma finale, tra sette paesi europei, l'Italia, con 274, ottiene il punteggio minore, contro 367 del Regno Unito; 354 della Germania e dell'Olanda; 339 della Svizzera; 324 della Francia; 309 della Danimarca. Vuol dire che questo paese è ancora fortemente arretrato, ha paura delle tecnologie, gli è stato insegnato a temere le tecnologie, anche se queste danno efficienza, opportunità, sapere. Inoltre, gioca naturalmente il grado di povertà e di diseguaglianza sociale... Non è che tu all'operaio disoccupato di Reggio Calabria puoi andare a dire «mettiti il computer in casa», gli devi prima dire come fa a campare. Ma al figlio dell'operaio disoccupato tu devi insegnare da subito a usare il computer, se vuoi evitare che diventi un operaio disoccupato.

Allora riformulo la domanda. Non sarà che su questa materia, forse anche su altre, vi state affidando un po' troppo al mercato?

In una materia come questa non ci si può affidare solo al mercato. Questa materia è densa di troppe implicazioni sulla vita degli uomini. Però anche l'idea di un neostatalismo applicato alle reti di comunicazione è un'idea destinata alla sconfitta, come è stato per lo statalismo nel campo della televisione. Ma quale salvaguardia... Io adesso apro Internet e posso dire quel che mi pare. È davvero un regno nel quale l'attività individuale, la costruzione di luoghi di incontro, di centri di discussione è tale da sfuggire a maglie troppo strette. E questo è anche il suo straordinario fascino. Si debbono fare poche regole e farle rispettare. Bisogna garantire che ci sia il pluralismo e il rispetto delle persone. Punto e basta. Non si deve far altro. Dall'altra parte, bisogna preoccuparsi invece degli utenti del computer, creando quella grande alfabetizzazione di massa necessaria e di cui abbiamo già parlato. In Francia, quando hanno dovuto insegnare ai francesi come usare il computer, cosa hanno fatto? Hanno portato il Minitel nelle case... al posto delle Pagine gialle. Lì dietro c'è l'idea di uno Stato che vuole mettere i suoi cittadini, dieci anni prima degli altri, in condizioni di partecipare a una grande erudizione di massa con uno strumento utilissimo a tutti. C'è una geniale intuizione strategica. Per quanto riguarda il cavo, io penso che il grande futuro della tv sia la Pay-per-View. Non c'è dubbio che il cavo offrirà anche a nicchie di pubblico dei prodotti di altissima qualità. Non c'è dubbio che ci sarà un pubblico che amerà vedere documentari sull'arte o sulla scienza o sulla natura. Però dobbiamo esser consapevoli che sul grande pubblico, sui grandi numeri continueranno ad agire delle sollecitazioni di tipo più elementare.

Quanto resterà dell'attuale mania di Internet?

La mania finirà, la tecnologia sarà sempre più presente.

È vero che lei è un utilizzatore di Internet, che, come si dice, ama navigare in rete, oppure è un'altra leggenda?

Guardi, a me piace capire bene ciò di cui parlo. Parlavo molto di tecnologia, adesso la conosco meglio.

Quindi lei usa Internet?

Sì, sì.

E con chi comunica di solito?

Ogni tanto faccio queste chat-line di discussione, sono molto divertenti, molto appassionanti, molto impegnative. Poi ricevo molta posta.

Ha un nome in codice?

Punto.

Il suo nome in codice è Punto?

Sì, non so bene perché. Probabilmente perché quando installarono il programma era la prima parola che mi venne in mente.

Vuol dare ai lettori il suo indirizzo di posta elettronica?

Sì. Eccolo: MC1647@MC link. IT.

Chi è il personaggio più curioso e più strano in cui si è imbattuto navigando?

Ho incontrato tanta curiosità. Dopo un po', hanno capito che dietro allo pseudonimo c'ero io e sono cominciate discussioni... Ho trovato molta attenzione per il fatto che avevano lì un uomo politico al quale poter parlare liberamente, al quale dire le loro opinioni. Mi arriva posta anche dagli Stati Uniti. Ad esempio da un gruppo di studenti italiani del Mit di Boston.

Ma a parte la posta a quali gruppi di discussione partecipa?

Ho fatto soprattutto delle discussioni in diretta: erano quelle che mi piacevano di più. Poi ho partecipato a dei gruppi di discussione sulla politica, sul cinema...

A cui lei continua a partecipare?

Sì, compatibilmente con la disponibilità di tempo. E cerco di rispondere a tutte le lettere, ma non ci riesco.

Secondo lei, l'elettronica alla fine renderà obsoleta la carta?

Mi ha colpito, in una analisi di Furio Colombo, la sinistra coincidenza dell'aumento spaventoso della carta con la diffusione degli apparati elettronici. Oggi, obiettivamente, fare un giornale, ma anche stampare dei libri, costa il doppio di quello che costava prima; invece il supporto elettronico costa sempre meno. Anche se c'è una differenza obiettiva: avere un libro in casa e averlo virtualmente non è la stessa cosa. Ho detto prima che per chi non ha mezzi, la banca dati è una grande ricchezza, ma avere un libro in casa è un'altra cosa. Io credo che questa sarà la frontiera più lenta del cambiamento.

Domani: un mondo sostenibile

Passiamo a un altro argomento. A proposito di «sviluppo sostenibile», che cosa ha prodotto, di concettualmente nuovo, l'ecologia politica, dai tempi del famoso rapporto del Club di Roma, cioè da venticinque anni a questa parte?

Ma intanto ha prodotto una cosa fondamentale, la coscienza che la crescita quantitativa non basta a definire la qualità della crescita. Un tema pasoliniano, la differenza tra sviluppo e progresso che ritorna, la metafora della scomparsa delle lucciole.

Be', ma questo era appunto tutto dentro al famoso rapporto sui limiti dello sviluppo, ripeto, venticinque anni fa.

La coscienza ambientalista, la consapevolezza ambientalista è forse, insieme alla rivoluzione femminile, la più grande conquista della consapevolezza comune della seconda metà di questo secolo.

Però, insisto, una volta teorizzata la necessità di limitare lo sviluppo, che effettivamente era rivoluzionaria per il momento in cui venne formulata, e infatti fu contestatissima da destra e da sinistra, è stato prodotto poco altro. O mi sbaglio?

No, intanto l'ambientalismo, come la rivoluzione femminile, è una delle poche cose entrate nei comportamenti diffusi. Cioè dalle buste alla carta riciclata ai cassonetti della spazzatura... ci sono stati dei mutamenti, che noi abbiamo avvertito un po' impercettibilmente nella nostra esistenza quotidiana, perché questa cultura si è fatta in qualche misura senso comune. E poi ci sono decisioni politiche: le norme antinquinamento, il no al nucleare, le norme per evitare il buco dell'ozono.

Anche la crociata antifumo...

Certo, certo, nasce da una consapevolezza diversa del rapporto tra sé, il proprio corpo e l'ambiente naturale nel quale si vive. I bambini sono molto più ecologisti di quanto non fossimo noi al nostro tempo.

Lei fuma?

No, mai fumato una sigaretta in vita mia. Però non sono un fondamentalista, nel senso che per me chi vuol fumare può fumare tranquillamente. Lontano, ma tranquillamente.

Nord-Sud. Est-Ovest: quale di queste relazioni governerà il mondo?

Nel prossimo secolo quella Nord-Sud. Sarà quella la grande partita. Pensiamo al fenomeno dell'immigrazione, ai rischi connessi, al divampare di guerre etniche, religiose in zone di grande povertà, come nel caso del Burundi, del Ruanda. O la comunità mondiale sarà in grado di far fronte alle esigenze di autosviluppo di questi paesi, oppure i rischi per la convivenza della comunità mondiale saranno molto alti.

Un politologo di Harvard, Samuel Huntington, ha elaborato la teoria che i prossimi conflitti tra popoli saranno fondati sulle differenze culturali; prevede cioè delle guerre in nome della cultura. Le pare un'ipotesi credibile?

Se per cultura intendiamo la cultura etnica e quella religiosa, sì. Credo che la grande inquietudine che attraversa il mondo in questo momento abbia quel segno lì e che sia intrecciata alle grandi contraddizioni sociali, alle vecchie e nuove povertà. In questo momento è il conflitto religioso o etnico che si manifesta in Bosnia come in Algeria in una maniera che era inimmaginabile venti anni fa.

Che pensa dell'idea dello studioso americano Francis Fukuyama che, con la vittoria dell'Occidente, sia finita la storia?

È una concezione figlia di questo secolo. Cioè è finito il secolo delle ideologie; è finito il secolo dei mondi separati; è finito il secolo della autosufficienza, entriamo in un secolo molto più pericoloso forse, il secolo della relazione aperta, della politica. Politica più piccola forse, più dimensionata, e se vogliamo stare al gioco di Fukuyama, possiamo dire che finisce una storia, non che finisce la storia.

Dopo la figuraccia in Bosnia, secondo lei le Nazioni Unite sopravviveranno ai loro cinquant'anni?

Sopravviveranno se cambieranno marcia. Quando ho intervistato il segretario generale Boutros Ghali, ebbi la sensazione di vedere un gigante senza armi, una specie di Gulliver che però rischia di essere fermato da tutti i lillipuziani possibili. Però francamente non vedo altre strutture: o svolge l'Onu questa funzione o non vedo chi altro la possa svolgere. E quindi, alla sua domanda, rispondo che sì, l'Onu deve sopravvivere ai suoi cinquant'anni.

Che cosa è più urgente: rifondare un'etica internazionalmente accettata o sfamare e dare rifugio ai milioni di fuggitivi che ci sono al mondo?

Le due cose. L'etica è saltata. Quando si vede quello che Eltsin ha fatto in Cecenia. I diritti umani devono valere *erga omnes*, non possono essere una merce disponibile a seconda delle ragioni politiche, delle opportunità. E quindi la rifondazione di un'etica sul principio della non ingerenza, dell'autonomia, della sovranità, del rispetto delle diverse etnie e religioni, è certo necessaria. Però nel frattempo bisogna evitare che in altri luoghi milioni di persone muoiano di fame o di stenti. Insomma, noi abbiamo avuto a Sarajevo, nella ex Jugoslavia, duecentomila morti e un milione di profughi; in Ruanda abbiamo centinaia di migliaia di profughi, tutta gente che fugge da un luogo senza sapere dove andare, perché un tempo si andava a cercare la ricchezza, adesso si va a cercare la pace in paesi che non sono più in grado di darla. E quindi è un esodo senza fine. La cosa da fare, nel terzo mondo, è consentire a questi paesi di crescere per dare lavoro nei propri confini.

In democrazia lei ritiene che debba sempre prevalere la ricerca del consenso o pensa che ci siano momenti in cui la decisione è solitaria?

Ci sono dei momenti nei quali la decisione è solitaria. Diffido di quegli uomini politici i quali governano con i sondaggi davanti, diffido di quelli i quali pensano che si debba fare quello che piace alla gente, tra virgolette. Vorrei aggiungere qualcosa a questo argomento. C'è un bellissimo libro di Gustavo Zagrebelski che si chiama *Il «Crucifige!» e la democrazia* che prende le mosse dal processo a Gesù per ragionare sui compiti e sui doveri della democrazia. Noi dobbiamo uscire da una stagione della vita del paese in cui l'elemento della mediazione politica salta, e si instaura un rapporto diretto tra i potenti e il popolo. «Vox populi, vox dei» è il titolo di uno dei capitoli di Zagrebelski, che va contro questo argomento, perché quel popolo che decide la crocifissione di Gesù Cristo è un popolo che ha probabilmente scarsa informazione su ciò di cui si sta dibattendo e perciò prende la decisione sbagliata. Perché non è vero che il popolo ha sempre ragione, il popolo può sbagliare. In Italia mandando al governo per quarant'anni sempre gli stessi, ha sbagliato. E poi si finisce, appunto, per governare con i sondaggi. È sempre la stessa linea: io faccio quello che il popolo vuole, perché il mio problema non è di lavorare bene per il mio paese ma è di essere rieletto. È proprio un cambio di registro che ci vuole. È stato detto: «Un uomo politico pensa alle prossime elezioni, uno statista alle prossime generazioni».

Guardi che anche il suo beneamato Clinton governa con i sondaggi.

Non me ne importa, se lo fa sbaglia. Però Clinton ha preso decisioni impopolarissime, come per esempio vincolare la vendita delle armi. Uno i sondaggi li deve usare, ma il problema è non esserne schiavo. Un paese ha bisogno di una classe politica che abbia anche la forza di dire dei «no» grandi come una montagna, che se ne assuma la responsabilità e poi paghi... Io faccio sempre l'esempio di Kennedy. Se Kennedy avesse fatto un sondaggio quando intervenne in Alabama per difendere i diritti dei neri – era a pochi mesi dalle elezioni, e quelli erano gli Stati decisivi per la sua rielezione – non sarebbe intervenuto. Se lo fece è perché credo sia stato mosso da un senso di responsabilità generale, che chi governa non può non avere. Bisogna dire dei «no». Bisogna agire, naturalmente, cercando di ottenere il massimo del consenso attorno alle proprie decisioni. Ma un governo che si rispetti è un governo che guarda agli interessi generali e non ai propri. Chi fa la politica con i sondaggi guarda solo ai suoi interessi, cioè al come essere rieletto.

Come saranno gli Usa se la destra di Newt Gingrich vincerà o condizionerà le prossime elezioni?

Io mi auguro proprio che non succeda. L'ultima cosa che ci vuole ora è una destra estremista e populista che governi quel grande paese. Sarebbe davvero un pericolo per il ruolo che l'America ormai ha assunto nella scacchiera mondiale. Una guida non sicura di quel paese, un'esasperazione di tipo ideologico o, peggio, una deriva di tipo populistico, rischiano davvero di fare da acceleratore alla crisi della coesistenza su scala mondiale.

Tornando all'esempio americano, parlando di razzismo e multiculturalismo, ha qualche indicazione utile da dare per un'Italia almeno un po' politically correct?

In Italia c'è almeno una cosa che dovrebbe essere *politically correct*: il rispetto degli altri. Ma non parlo della politica, parlo del rispetto delle opinioni, il rispetto degli altri nella vita quotidiana.

Una generazione che ci ha provato

Vogliamo tentare un brevissimo bilancio della sua generazione?

In fondo, le nuove generazioni, prima di noi e dopo di noi, sono vissute al di qua e al di là di una cesura, una ferita. La ferita si è prodotta e poi sembra essersi richiusa. Prima di noi c'erano le tre «m»: macchina, mestiere, moglie. Dopo di noi sono sorte le tre «s»: soldi, successo e sesso. In mezzo c'è stata questa generazione, una generazione di persone che hanno pensato di poter cambiare il mondo e poi si sono accorte, come diceva Ettore Scola in *C'eravamo tanto amati*, che il mondo aveva cambiato loro.

E con questo?

È una generazione di persone molto generose, che hanno fatto sbagli, che hanno spesso pagato di persona, una generazione attraversata dalla politica, impregnata di politica. È come se la politica ci avesse sollevato da terra e ci avesse portato tutti insieme a condividere le stesse passioni, le stesse speranze. Però una generazione con una grande ricchezza dentro; che ha visto, ha sofferto, ha provato delusioni, ha pagato. Ora è sparsa, ora è atomizzata. A me certe volte piacerebbe dire «perché non ci ritroviamo?». Certe volte penso a quelle grandi manifestazioni di ragazzi che c'erano nel '74, '75, quelle decine di migliaia di ragazzi che avevano dentro la voglia di fare un mondo diverso. Dove diavolo sono finiti? Sì, molti li incontri alle manifestazioni, molti sono impegnati, ma tanti altri dove diavolo sono finiti? Che cosa gli è successo? Come sono cambiati? Possibile che quella passione che avevano dentro sia sparita del tutto, possibile che le grandi delusioni sofferte siano state tali da rinchiuderli dentro casa? Non sono loro che hanno lasciato la politica, è la politica che ha lasciato loro. Ha volato basso e non li ha incontrati. Con questo non voglio dire che la politica è l'unica dimensione della vita, sia ben chiaro. Però penso che quella generazione così carica di generosità avrebbe il dovere adesso di farsi risentire. Così come penso, però, che ora c'è una generazione nuova straordinaria. Io ero troppo giovane nel '68 e troppo vecchio nel '77, e quindi ho perso i treni, li ho persi tutti e due. Adesso ci sono ragazzi di trent'anni straordinari. Nelle imprese italiane, nelle università italiane, nelle scuole italiane ci sono ragazzi di trent'anni positivi, nel senso che hanno una gran voglia di fare, di costruire, quella stessa carica che avevamo noi in politica ce l'hanno nella realizzazione concreta dei loro obiettivi di vita, di studio e di lavoro.

Ma da politico non scorge in loro un forte rifiuto della politica?

No, ma se rifiutano la politica che hanno conosciuto fanno bene. Chi gli può dire che sbagliano perché negli anni Ottanta non si sono appassionati ai destini di Craxi o di Forlani o anche a quelli di una sinistra che non riusciva a superare il muro?

Gli si potrebbe forse rimproverare l'indifferenza, no?

No, se oggi hanno trent'anni, vuol dire che ne avevano quindici o sedici negli anni decisivi. No, a loro francamente non si può rimproverare nulla, semmai al trasformismo di qualcuno di noi si può rimproverare parecchio.

Bah, ma erano anche quelli che, in maggioranza, hanno votato per la destra alle ultime politiche.

No, i calcoli fatti dimostrano che i giovani si sono divisi a metà.

Già questa, per la destra, è stata una bella impresa...

Sì, ma è inevitabile. La destra in fondo è stata capace di dare un'indicazione. Se la sinistra pensa di parlare a questi giovani con i richiami che usava nel passato, sbaglia. Noi in fondo avevamo il Vietnam o il Cile. Vede, io sto ancora aspettando che le truppe del generale Prats, che mi furono annunciate la sera dell'11 settembre 1973 a Santiago, arrivino a liberare la Moneda assediata. In fondo l'attesa di quelle truppe è una grande metafora della sinistra italiana di quegli anni. Noi siamo sempre stati in attesa... Oggi noi abbiamo bisogno di saldare queste due generazioni: quella che ha vissuto la sua dimensione, la sua vita, i suoi errori e tutti i suoi entusiasmi dentro la politica; e l'altra generazione, quella di oggi, molto positiva, molto concreta. Se ci fosse una saldatura di queste generazioni in un crogiuolo nuovo, in cui si riscopre la politica come ricerca di soluzioni concrete ma al tempo stesso si ha dentro quella tensione di valori, quella voglia di cambiare che riempie l'esistenza di una persona, se noi riuscissimo a farle incontrare, davvero questo paese potrebbe conoscere quel passaggio generazionale del quale c'è bisogno. L'Italia è un paese vecchio, vecchio dal punto di vista politico, sono vecchie le culture, sono vecchie le teste, vecchio il modo di parlare, un paese che discute degli anni Cinquanta, un paese immerso nel passato.

E perché?

Perché non c'è stato il rinnovamento generazionale, perché non c'è stato il passaggio. C'è stato nelle imprese, infatti le imprese vanno bene rispetto alla situazione generale del paese. Ma non c'è stato nella politica.

Come definirebbe la sua generazione: quelli che la droga, quelli che il terrorismo, quelli che la politica?

Mah, quelli che ci hanno provato.

Quanto ha pesato la stagione del terrorismo su questa generazione?

Quanto un macigno. Il terrorismo è il nostro Vietnam. Per la sinistra è come il Vietnam. Noi non ce ne siamo resi conto, però è ancora un convitato di pietra. Il terrorismo è stato il modo in cui una parte della generazione di sinistra ha negato le proprie speranze. Lo dico perché quei ragazzi erano di sinistra, anche se poi qualcuno li avrà usati, ma quelli che hanno preso le pistole in mano erano sinistra estremista, qualcuno anche della sinistra del movimento operaio. In qualche misura sono stati loro a sconfiggere le nostre speranze. È il paradosso di una generazione che si è fatta male da sola. Quei ragazzi che sparavano hanno fatto male alla sinistra più di quanto abbiano fatto i suoi avversari. Se questo paese ha avuto una spinta di destra dentro di sé, questa è stata provocata dalla grande ondata del terrorismo. È stata la più grande barbarie che abbiamo conosciuto in Italia, ammazzare chi aveva opinioni diverse, ammazzare chi aveva una divisa addosso, ammazzare perché si era magistrati o poliziotti o uomini politici. È stata la dimostrazione di dove le cattive letture e le cattive illusioni potessero portare.

E che idea si è fatto, qual è la verità di quella stagione?

Dopo le rivelazioni di Adriana Faranda, sono andato a trovare in carcere Prospero Gallinari per un'intervista. È stata una conversazione, da un certo punto di vista, emotivamente forte. Credo che lui aspettasse da dieci anni di poter insultare chi allora stava dall'altra parte; e a mia volta io aspettavo da dieci anni di poter parlare con chi ha contribuito alla sconfitta della sinistra. Abbiamo discusso in maniera molto serrata e molto dura. Gallinari e quelli come lui, soprattutto quanti sono rimasti in carcere, vivono con grande ansia il pensiero di poter essere stati usati. La cosa che li fa impazzire è che la P2 o i servizi segreti possano averli usati. E capisco il loro punto di vista. Perché, certo, deve essere insostenibile l'idea di aver fatto finire la propria vita a Regina Coeli o a Rebibbia perché in realtà lo ha deciso il tuo avversario.

Per lei le Br erano infiltrate, eterodirette?

La cosa, secondo me, va distinta sul piano dell'analisi storica: sicuramente i militanti delle Brigate rosse non erano infiltrati dei servizi, non erano agenti dei servizi, erano persone che credevano in quello che facevano. Poi, però, Gallinari stesso, nel corso della discussione, non ha potuto non ammettere che, mentre loro giocavano la loro partita, qualcun altro ne giocava un'altra, magari in maniera del tutto separata. Altrimenti non si spiegano tanti misteri del sequestro Moro.

Insomma, come nel caso Kennedy, lei continua a pensare che con la dietrologia si colga ancora nel segno...

Sì, continuo a pensarlo. Salvo il fatto che riconosco la loro «buona fede», cioè penso che nella stragrande maggioranza dei casi si tratti di persone che hanno fatto un errore tragico, che hanno compiuto una barbarie, ma non l'hanno fatto perché appartenevano ai servizi segreti. Dopodiché, che i servizi segreti – intendo dire per l'esattezza servizi segreti deviati o uomini di questi servizi – in questo paese abbiano messo le mani in tanti episodi oscuri, è assodato. Però il terrorismo è qualcosa di cui il paese ha stentato a prendere coscienza. Se ci pensiamo, sul terrorismo in Italia sono stati fatti pochissimi film e scritti pochissimi libri a fronte di quello che è stato: cioè un pezzo di una generazione, decine di morti, un paese che ha vissuto immerso in anni di piombo, per usare il titolo di un film di Margarethe von Trotta. È come se il paese avesse rimosso, avesse esorcizzato. È tanto grande questo esorcismo che si stenta persino a prendere consapevolezza di ciò che è stato, riconoscendo il problema rappresentato da quelle centinaia di persone che sono rimaste in carcere, e rispetto alle quali lo Stato dovrebbe prendere una decisione.

Che decisione, scusi?

Devo dire di essere molto vicino alle posizioni di chi ha proposto l'indulto. Credo che, nella stragrande maggioranza, siamo di fronte a persone le quali hanno riconosciuto di aver compiuto un errore tragico e che hanno pagato un alto prezzo.

Mai tanto quanto le loro vittime.

Certo. E devo aggiungere che mi ha dato molto fastidio vedere, ad esempio, Adriana Faranda andare a discutere ad *Harem*. È una cosa che non credo sia sopportabile per chi ha visto un marito, un figlio ammazzati. Penso che ci voglia molta discrezione, molta consapevolezza del male che si è fatto. Ma penso soprattutto che un ruolo importante per queste persone consisterebbe nella ricostruzione degli eventi di allora. Una delle cose che dicono è che ormai i particolari di quella vicenda appartengono solo alla storia, ma non è vero. E sarebbe bene ricostruirli, se non altro per dare a chi è rimasto piena contezza di quanto è accaduto.

Ma loro dicono tutti che non c'è null'altro dietro.

Però quante cose sanno della morte di Moro! Dove sono finite le carte di Moro, dove sono finite le videoregistrazioni degli interrogatori? Perché questo paese venti anni dopo non ha diritto di ricostruire la sua storia? Questo è un buco nero della storia italiana. Io non ho vocazioni giustizialiste; pertanto, devo dirle, ormai mi interessa poco la responsabilità giudiziaria, ma l'Italia ha bisogno di sapere che cosa è successo da Piazza Fontana in poi. Per evitare che ciò si ripeta. Nulla di più, ma ha bisogno di saperlo.

Be', forse il bisogno di sapere risale molto più indietro, magari fino a Salvatore Giuliano, no?

Sì, Salvatore Giuliano. E adesso riscopriamo il caso Mattei, benissimo. Si riaprono altre vecchie vicende come il caso Fenaroli. Ma perché questo paese non deve avere la possibilità di riscoprire la sua memoria? Di capire che cosa è successo? Se vogliamo passare alla seconda Repubblica non ci possiamo portare con noi gli scheletri della prima; ci passeremo se avremo trovato verità che oggi non conosciamo ancora.

La sua generazione ha avuto molti vecchi maestri, buoni e cattivi, cui guardare. A chi guarderà la prossima? Quali saranno i personaggi guida dei vostri figli?

Ma forse non ci sarà bisogno di personaggi guida. I personaggi guida ci vogliono quando contano le ideologie. Valgono in un tempo nel quale i riferimenti devono essere molto forti. Noi vivremo davvero in una società aperta ed è per questo che ci saranno figure meno carismatiche. Si intravede una crisi della politica in tutto il mondo. In tutti i sistemi occidentali c'è una crisi, una difficoltà della politica a governare le società complesse e a ritrovare l'autorevolezza perduta soprattutto perché i ceti politici che si sono affermati nel cinquantennio che abbiamo dietro le spalle avevano tutti avuto origine con la guerra, la Resistenza, la liberazione del proprio paese. È quella storia che costituiva il mito, il carisma, l'autorevolezza. Adesso la politica ha una difficoltà obiettiva, soprattutto in un tempo di fine delle ideologie, a trovare gli strumenti di affermazione di sé. Probabilmente dovremo abituarci a una politica a tempo determinato. In questo la politica americana può essere davvero presa ad esempio: uno fa il presidente, quattro, otto anni e poi va a casa. Ed è una buona cosa.

È consentito a un politico, tenuto a occuparsi del presente e a progettare il futuro, abbandonarsi alla nostalgia come fa lei?

È doverosa la nostalgia. La nostalgia come consapevolezza del tempo passato, come consapevolezza del bello vissuto e degli errori compiuti, la nostalgia come dolore che si porta dentro, come speranza che si porta dentro. Io prima ho detto una frase che può apparire una contraddizione in termini, cioè che io sogno nel futuro di ritrovare la qualità della vita perduta. Ora, non c'è dubbio che questo paese ha vissuto in un tempo ormai remoto una stagione di grande effervescenza: perché non devo averne nostalgia? Perché devo pensare che gli anni Ottanta o anche il convulso malessere di questo decennio possano essere migliori di quel tempo? Io vorrei recuperare nel corpo diffuso della società italiana quell'entusiasmo, quella voglia di scoprire, quella fiducia nel futuro, quella vitalità, quella disperata vitalità che l'ha attraversata. E che poi è rimasta invece come una forma di disperazione. Se un uomo politico facesse della nostalgia una politica, sbaglierebbe. Ma se fa politica guardando al futuro, ma avendo dentro di sé una buona dose di consapevolezza del passato, credo sia nel giusto.

Lei, se è lecito ricordarlo, una quindicina di anni fa già praticava la nostalgia, tanto da farne un libro sugli anni Sessanta. Di che cosa poteva essere nostalgico a meno di trent'anni?

Ero nostalgico di un'atmosfera. Io ero molto piccolo negli anni Sessanta eppure mi ricordo perfettamente, l'imprinting è stato fortissimo. Adesso le mie figlie accendono la televisione e vedono il corpo di una bambina portata in braccio a Sarajevo; oppure vedono cadaveri nel lago Victoria; o vedono la storia del padre che seviziava le bambine; o l'intolleranza razziale. Io, allora, accendevo la televisione e vedevo un mondo che aveva dentro di sé una grande speranza, che era attraversato da una grande tensione. Qualcuno potrebbe obiettare che non ti raccontavano le brutte notizie ma non è vero: le brutte notizie si sapevano comunque.

Intende dire che quello era un mondo migliore? Siamo sicuri?

Non so. Non so se fosse migliore, dentro di sé aveva una grande energia, una grande speranza. Era un mondo più vitale. In fondo gli anni Sessanta cominciano con un uomo che va nello spazio, il primo uomo che va nello spazio, e finiscono con un uomo che mette piede sulla Luna. Sostanzialmente ci siamo fermati là.

Che sentimento prevale in lei quando pensa al futuro, gioia o paura?

In me come uomo politico, prevale la voglia di costruirlo. In me come persona, la curiosità. E anche fiducia, però.

Che cosa resterà della politica quando si chiuderà la questione morale in Italia?

C'è da sperare che l'esperienza di questi anni abbia generato una politica nuova, intanto una politica più consapevole dei suoi limiti: la politica in Italia è stata impicciona, invadente, la politica è entrata dappertutto, nelle nomine, come negli appalti, è entrata nella gestione della cosa pubblica. Se al termine di questa vicenda la politica si ritrae e capisce che il suo ruolo è fare le regole del gioco, che il suo mestiere non è stare dentro una partita, ma fare le regole della partita.... Insomma, potrebbe uscire da tutto questo una politica che ha maggiore consapevolezza dei suoi limiti, però maggiore ricchezza delle sue ambizioni. Io quando vedo tanti ragazzi che vengono alle manifestazioni francamente sono ammirato; per un ragazzo che oggi ha quindici, sedici anni, la politica deve apparire una cosa orrenda, le cronache giudiziarie di questi anni, le risse televisive. Forse però si sta facendo strada finalmente una politica rigenerata, una bella politica. La politica può essere bella, non solo perché riempie la vita, ma anche perché se viene concepita nei limiti corretti, è anche un bellissimo lavoro. Max Weber ci ha insegnato a considerare la politica, e in generale il lavoro intellettuale, come una professione. Se la politica è un lavoro intellettuale «per», se è attraversata da una tensione e da un sistema di valori, può essere molto bella. Proprio Weber ha ricordato la differenza che esiste tra chi vive «per» la politica e chi vive «di» politica. Il primo «alimenta il proprio equilibrio interiore e il sentimento della propria dignità con la coscienza di dare un senso alla propria vita per il fatto di servire una causa». E quindi io spero che da questa vicenda esca una politica più bella.

Quale sarà l'emergenza del Duemila in Italia?

La scuola.

E che cosa si può fare subito?

L'ho già detto. L'obbligo scolastico. Mandare tutti i ragazzi a scuola fino a diciotto anni. Se si pensa che in Italia solo il 6 per cento dei ragazzi prende la laurea; o se si pensa che, ogni anno, trentamila ragazzi abbandonano la scuola; oppure, che il 56 per cento delle famiglie italiane ha in casa meno di venticinque libri; che il 23 per cento delle famiglie non ha in casa nessun libro. Sono dati che parlano da soli: il 63,4 per cento della popolazione non leggè mai un libro; il 61,2 non legge mai niente, né libri, e nemmeno quotidiani. Solo il 10 per cento circa degli italiani compra un quotidiano, che viene letto almeno da altre due o tre persone. Noi abbiamo un gigantesco problema di elevamento della qualità culturale, del processo formativo del paese. Quando si parla dell'occupazione si deve partire da qui. Quando si parla della cultura complessiva del paese si deve partire da qui.

Nell'introduzione al libro su Robert Kennedy, lei scriveva: «Così il giovane procuratore legale, il ministro della Giustizia, il senatore e il candidato alla presidenza sfidò lungo tutto il corso della sua vita politica i suoi nemici, quelli che ogni uomo politico dovrebbe avere». È un tema al quale abbiamo già accennato in un'altra parte di questa intervista ma qui vorrei andare più a fondo. Le chiedo: i nemici di Bob Kennedy si chiamavano Hoffa, Hoover, Wallace e i segregazionisti degli Stati del Sud. Quali sono i suoi?

Intanto spero che i miei siano meno violenti dei suoi. Poi, voglio precisare che un conto sono i nemici veri e propri, un conto sono gli avversari politici. Da un lato, nemici, sono coloro che hanno interesse a tenere una parte del paese in una condizione di sottomissione: sono i poteri forti come la camorra, la 'ndrangheta, la mafia. Da un altro lato, ci sono quelle posizioni politiche che cercano di protrarre in Italia le condizioni di un paese arretrato e ingiusto: questi sono i veri avversari. Si annidano in mille luoghi: nei corporativismi, nei burocraticismi, nelle furbizie, così come si annidano in un certo liberismo esasperato, in un'idea che si cresce e poi chi se ne importa se lasci a terra la zavorra rappresentata dai poveri, che in Italia sono più del 10 per cento della popolazione. Io non so dire ora chi saranno. Loro saranno gli avversari di una grande lotta contro la povertà e l'ingiustizia sociale. Una grande lotta per le pari opportunità, per la difesa dell'ambiente e dei diritti delle persone. Di volta in volta, chi si opporrà a questo, sarà nostro avversario.

Vogliamo fare qualche nome?

Nomi no, perché gli avversari, in questa battaglia, te li puoi trovare nei posti più strani.

Nel libro su Berlinguer, lei ha descritto così la politica italiana: «Nessuno di noi sa quale paese gran parte dei protagonisti della politica italiana avrebbero potuto edificare». La sua idea qual è?

L'ho già detto in parte. Se dovessi proprio trovare una definizione rapida, direi un paese in movimento, un paese non fermo, un paese in cambiamento. In fondo, la nostra è una prospettiva di grande cambiamento. Non è un'ambizione da poco e non è un compito da poco ma questo paese può cambiare, cioè ci sono tutte le condizioni perché l'Italia cambi. Probabilmente l'Italia è già cambiata nel suo metabolismo, è cambiata nella coscienza diffusa del paese, nello Stato e nell'intelligenza collettiva delle imprese, nel senso di responsabilità del sindacato. Ci sono tutte le condizioni perché il paese sia in grado di mutare radicalmente le sue contraddizioni, le sue assurde vecchiezze. Noi vogliamo produrre il più grande mutamento nella storia della vita politica italiana degli ultimi cinquant'anni.

Ha anche scritto: «Mai come oggi la politica ha avuto bisogno di ideali». Ce ne indichi uno.

Le pari opportunità.

Un editore che se ne intende e la conosce bene, Alessandro Dalai, dice che la dote che ha visto soprattutto in lei come direttore di un giornale è quella del perfetto stratega di marketing. La definizione le piace o le dispiace?

Se fosse solamente questo mi dispiacerebbe, ma se il marketing servisse a comunicare in maniera comprensibile e vorrei dire persino umile allora ben venga. Il linguaggio politico è stato in Italia un linguaggio per gli addetti ai lavori, un linguaggio cifrato. In fondo, l'intelligenza di Berlusconi è stata anche quella di operare una rottura di linguaggio. Credo che quando si parla si debba arrivare a chi è più lontano, non a chi è più vicino. La mia ossessione è l'idea di qualcuno che sta facendo, come faccio io la sera, lo zapping e deve trovare un volto o una parola che gli faccia dire: «Aspetta, forse sta parlando di me, forse sta dicendo una cosa che mi riguarda». Allora lo sforzo che faccio è di tradurre il linguaggio della politica in cose che abbiano una loro materialità, una loro fisicità: esempi, cifre, argomenti. Io uso molto la struttura degli esempi. Per esprimere un concetto politico dico: «sarebbe come se», perché questo rende chiaro che cosa si intende. O perlomeno questa è la mia intenzione. Mi piacciono le parole che hanno la forza di volare, di viaggiare, che escono dalla televisione ed entrano nelle case per non essere respinte. È la cosa più difficile, però. Il miglior complimento che si può fare a chi comunica politica è: «Capisco che cosa stai dicendo». Il complimento successivo è quando riconoscono che quello che stai dicendo riesci a farlo diventare realtà. Questo è il dovere della politica.

Se lei dovesse scrivere una lettera alle sue due figlie, una lettera da aprire da qui a vent'anni, che cosa direbbe loro?

Certe volte provo a immaginarlo, il loro futuro. Non so perché, quando chiudo gli occhi, penso a una notte di Natale. Penso che si incontreranno con le loro famiglie e ci saranno i loro bambini e la storia continuerà. Ma non riesco a vedere la loro faccia grande e non riesco a vedere i luoghi. Come saranno le loro case, quali mobili, quali immagini, e cosa accadrà fuori. Se ci sarà un mondo più lento o continuerà la folle corsa, se ci sarà la pace, se l'effetto serra avrà surriscaldato la Terra e mutato le stagioni, se l'umanità sarà più sola e più o meno violenta. Non so. So però che dipenderà da noi il mondo che consegneremo loro, so che sarà la misura della nostra coscienza a fare la qualità della loro vita. Dobbiamo vedere il dolore degli altri, sentirlo dentro di noi come una ferita che non si chiude. Il nostro lavoro non sarà finito finché il dolore sociale non finirà. Il nostro lavoro, perciò, è infinito. Passerà, è passato già, di generazione in generazione, ma è la cosa più bella che un essere umano possa avere dentro. La sicurezza di non vivere solo per sé. O meglio, bisogna essere tanto egoisti da cercare la propria serenità. Dov'è. Nell'impegno politico, nell'etica professionale, nel rispetto delle idee degli altri e nella voglia di capire. Nel bisogno di aiutare l'umanità o una persona sola, il che è lo stesso. Diceva un poeta che «piccole gocce d'acqua e piccoli granelli di sabbia fanno il grande oceano e la piacevole terra». Alle mie figlie direi, dirò, di fare qualcosa per il loro prossimo. Studiare, inventare, ricercare, intraprendere, fare volontariato. Così ci si sente meno soli, più sereni. E se penso a loro in quel Natale, nel 2020 o nel 2030, sogno che possano vivere in un paese civile, efficiente, giusto. Nulla di meno, nulla di più. Se avessimo portato una goccia o un granello a questo obiettivo, saremmo, sì, fieri di quello che abbiamo fatto.

INDICE DEI NOMI

Abbate, Fulvio 177
Adenauer, Konrad 208
Adornato, Ferdinando 210
Agnelli, Giovanni Alberto 225
Aiuti, Ferdinando 86
Almirante, Giorgio 61
Amato, Giuliano 184 185
Amato, Mattia 175
Ambrosi, Bruno 16
Ambrosoli, Giorgio 194 195
Amendola, Giorgio 38
Andreotti, Giulio 61 166 194
Angela, Piero 143 145
Angiolini, Ambra 114
Arendt, Hannah 74
Argento, Dario 179
Augias, Corrado 177

Bacon, Francis 75
Baggio, Roberto 75-76
Bangemann, Martin 233
Barbareschi, Luca 53
Barbato, Andrea 50 140 143 177
Barendson, Maurizio 143
Baricco, Alessandro 71
Bassolino, Antonio 43 120
Battisti, Lucio 74
Beatles 74
Bellow, Saul 72
Benigni, Roberto 74
Berlinguer, Enrico 30 32 37-41 47-48 56 59-61 138 182 185 215 217 219 259
Berlusconi, Silvio 10 45 51 54 65 68 98 107 116 117 119 123 125 134-137 148 149 154 157 160 166 167 169 180 181 191 209 219 222 260
Berruti, Livio 75
Bersani, Lello 12
Bertinotti, Fausto 156 204 211
Bertoli, Danilo 201
Bertolucci, Bernardo 147
Bettin, Gianfranco 177
Biagi, Enzo 14 141 143
Bianco, Gerardo 210
Bindi, Rosy 147
Blair, Tony 59 62 119 191
Bobbio, Norberto 191 211
Bolchi, Sandro 147
Bonfietti, Daria 183
Bongioanni, Gianni 42
Bongiorno, Mike 48-49
Borg, Bjorn 75
Borgna, Gianni 43
Borrelli, Francesco Saverio 210
Borsellino, Paolo 195 199
Bossi, Umberto 153-155 169 217
Brancati, Daniela 142
Brandt, Willy 59
Breznev, Leonid 31 114
Bruto, Marco Giunio 200
Bucciarelli Ducci, Brunetto 30
Buñuel, Luis 218
Buscetta, Tommaso 194
Bush, George 121
Buttiglione, Rocco 210

Calabrese, Omar 146
Cardinale, Claudia 75
Carosio, Nicolò 13
Carretto, Carlo 189
Carter, Jimmy 177
Caselli, Giancarlo 195 210
Casini, Pierferdinando 210
Cassola, Carlo 30
Castagna, Alberto 52
Ceausescu, Nicolae 60
Cecchi Paone, Alessandro 210
Cesare, Caio Giulio 200
Cesareo, Giovanni 46
Chiari, Walter 147
Chirac, Jacques 122 208
Ciampi, Carlo Azeglio 94 117-118 171 193 210
Cirillo, Ciro 198
Clair, René 112
Clinton, Bill 62 64 78 96 119 191 216 217 247
Cochi e Renato 147
Colombo, Furio 46 54 77 141 144 150 241
Confalonieri, Fedele 136 167 210
Contrada, Bruno 150
Coppi, Fausto 16
Cossiga, Francesco 210
Costanzo, Maurizio 210 232
Costner, Kevin 19
Cozzi, Alessia 191
Craxi, Bettino 48 60 61 142 184 185 217 249
Curzi, Sandro 143
Cutolo, Alessandro 52

Dalai, Alessandro 260
D'Alema, Massimo 96 99-106 125 126 130 133 134 167 184 209
Dalla, Lucio 41
Dalla Chiesa, Carlo Alberto 195
Dahrendorf, Ralf 124
Deaglio, Enrico 150 177
De Filippo, Peppino 105
De Gregori, Francesco 41 74 177
Delors, Jacques 233
Dini, Lamberto 94 117 118 154 210
Di Pietro, Antonio 131 181 210
Dossetti, Giuseppe 217
Dubcek, Alexander 32
Dylan, Bob 74

Eco, Umberto 46 48 53 54 143 144 232
Eltsin, Boris 207 244
Engels, Federico 222
Enzensberger, Hans Magnus 203
Evola, Julius 181

Falcone, Giovanni 152 195 199
Falomi, Antonello 33 41
Fanfani, Amintore 30
Faranda, Adriana 251 253
Fava, Claudio 177
Fava, Nuccio 143
Fede, Emilio 139 157 210
Fellini, Federico 14 50 147 179
Fenaroli, Giovanni 254
Ferrara, Giuliano 142 179 184
Ferretti, Claudio 16
Ferretti, Mario 16
Fini, Gianfranco 123 179-180 209
Fiori, Giuseppe 157
Fisichella, Domenico 219
Flaiano, Ennio 134
Fleetwood Mac 217
Foa, Vittorio 192
Forlani, Arnaldo 61 249
Fortini, Franco 79
Friedman, Milton 219
Fukuyama, Francis 243 244
Furet, François 229

Gagarin, Jurij 30
Gagliano, Italo 16
Galbraith, John Kenneth 93
Galimberti, Umberto 233
Gallinari, Prospero 251
Garavini, Sergio 211
Garimberti, Paolo 140
Garrison, Jim 63
Gassman, Vittorio 105
Ghali, Boutros 244

Ghirelli, Antonio 140
Gibran, Kahlil 29
Gimondi, Felice 75
Gingrich, Newt 123 191 247
Giolitti, Antonio 217
Giovanni XXIII, papa 190
Giovanni Paolo II, papa 186-189
Giubilo, Alberto 12
Giuliano, Salvatore 254
Gonzalez, Felipe 59
Gore, Al 96 233
Gotti, John 232
Gramsci, Antonio 74 181
Grasso, Aldo 66
Guevara, Ernesto (detto Che) 30 39 40
Guglielmi, Angelo 54 145
Guttuso, Renato 75

Hegel, Georg Wilhelm Friedrich 212
Hemingway, Ernest 74
Heidegger, Martin 234
Hoffa, Jimmy 57 259
Hoover, Edgar J. 57 259
Huntington, Samuel 243
Hussein, Saddam 206

Ingrao, Pietro 38
Intini, Ugo 142

Jackson, Jesse 177
Johnson, Lyndon 58 62

Kelly, Gene 27
Kennedy, Jacqueline 75
Kennedy, John Fitzgerald 9 29 57 58 62-65 93 246 252
Kennedy, Robert 9 56-58 64 258-259
King, Martin Luther 58
Kotnik, Ciro 15 21
Kotnik, Darinka 22
Kotnik, Ivanka 15 17 19-21 23 24 88 89

Lama, Luciano 128
La Malfa, Ugo 217
Lang, Jack 170 171
La Pira, Giorgio 217
La Rochefoucauld, François VI, duca di 10
Lastrego, Cristina 146
La Volpe, Alberto 143
Lenin 230
Leopardi, Giacomo 18
Lerner, Gad 141
Letta, Gianni 138
Lewis, Carl 75
Liguori, Paolo 210
Lincoln, Abraham 200
Linz, Juan J. 160
Livatino, Rosario 195
Lodoli, Marco 177
Loy, Rosetta 177
Longo, Luigi 38 39 40

Machiavelli, Niccolò 10
Magrelli, Valerio 177
Magris, Claudio 11
Mailer, Norman 64
Majano, Anton Giulio 147
Major, John 122
Malagodi, Giovanni Francesco 47
Mammì, Oscar 69 165 166
Mandela, Nelson 186
Mann, Thomas 234
Manzi, Alberto 147
Mao Tse-tung 39
Marchi, Vanna 135
Marcuse, Herbert 45
Martelli, Claudio 185
Martellini, Nando 12
Martinazzoli, Mino 166
Martini, Carlo Maria, cardinale 188 189
Martino, Antonio 208 219
Marx, Carlo 114 229
Mastella, Clemente 210
Mastrostefano, Ennio 143
Mattarella, Sergio 166
Mattei, Enrico 217 254
Mauro, Ezio 141
McEwan, Ian 70 177

McNamara, Robert 62
Mentana, Enrico 210
Mieli, Paolo 141
Milani, Lorenzo, don 31 224 234
Mina 74
Minoli, Giovanni 145
Monroe, Marilyn 57 75
Montanelli, Indro 138 211
Moratti, Letizia 140 210
Moretti, Nanni 53
Moro, Aldo 40 47 63 183 187 196-199 215 252 254
Mosca 21 22
Munch, Edvard 234

Natta, Alessandro 129
Negroponte, Nicholas 223 233 237
Nenni, Pietro 30 40
Nixon, Richard 65

Occhetto, Achille 44 101 102 126-129 209
Onofri, Sandro 177
Ormezzano, Gian Paolo 41
Ortensi, Mario 16
Oswald, Lee Harvey 63 64

Paiusco, padre 70
Pajetta, Giancarlo 38 61
Palach, Jan 32
Palme, Olof 59 63 200
Palombarini, Giovanni 150
Panebianco, Angelo 210
Pansa, Giampaolo 127
Paolo VI, papa 187
Parlato, Valentino 76
Pasolini, Pier Paolo 74
Pavese, Cesare 30
Petrignani, Sandra 177
Petrolini, Ettore 125
Petroselli, Luigi 41 43-44
Piccone Stella, Antonio 16
Piepoli, Nicola 133
Pisciotta, Gaspare 194
Platini, Michel 75
Popper, Karl 74 211
Portillo, Michael 122 123 191
Pozzi, Emilio 16
Prats, C., generale 250
Prodi, Romano 9 94-98 106 107 120 124 125 134 138 167 191 211 226
Purgatori, Andrea 132

Rascel, Renato 14
Ray Charles 74
Reagan, Ronald 121 123 219
Redford, Robert 49 50
Redwood, sir Peter 122
Reich, Robert 109
Reich, Wilhelm 85
Ricciardetto (Augusto, Guerriero detto) 190
Ricossa, Sergio 219
Riina, Salvatore 199
Robinson, Phil Alden 19
Rodari, Gianni 28
Rodotà, Stefano 230
Romano, Sergio 165 192
Ronchey, Alberto 171
Rondolino, Gianni 14
Rossella, Carlo 141
Rossi, Emilio 50
Ruffolo, Giorgio 217
Rutelli, Francesco 120

Salinger, Jerome D. 70 71 72
Salvatores, Gabriele 21
Salvo, Aldo 12
Santoro, Michele 139 210
Saragat, Giuseppe 30
Sartori, Giovanni 143 144 162 190
Savater, Fernando 177
Scalfari, Eugenio 136 141 176 211
Scalfaro, Oscar Luigi 30 158 211
Scardocchia, Gaetano 173
Scargill, Arthur 59
Schlesinger, Arthur Jr. 65 93
Schultz, Charles 25
Schuman, Robert 208
Scola, Ettore 14 248
Segni, Mario 153
Senna, Ayrton 75
Sereni, Clara 177

Sereni, Emilio 38
Sgarbi, Vittorio 72 147
Sindona, Michele 194 195
Sivori, Omar 75
Solgenitsin, Aleksandr 114
Sordi, Alberto 14 74 106
Sorensen, Ted 94
Spinelli, Altiero 208
Stone, Oliver 62 63

Tatò, Tonino 47
Terracini, Umberto Elia 38
Testa, Francesco 146
Thatcher, Margaret 121
Toaff, Elio 201
Tocqueville, Alexis de 223
Togliatti, Palmiro 13 45 138
Tognazzi, Ugo 147
Tomba, Alberto 75
Torlontano, Glauco 17
Totò (Antonio de Curtis) 68 74 105
Trintignant, Jean-Louis 105 106
Trotta, Margarethe von 253

Urbani, Giuliano 219

Valentini, Giovanni 141
Valenzuela, Arturo 160
Van Straten, Giorgio 177
Veltroni, Martina 24 28 52 53 79 80 88 261
Veltroni Prisco, Flavia 26-27 42 69
Veltroni, Valerio 20 21 22-24 32 44
Veltroni, Vittoria 24 28 52 53 79 80 88 261
Veltroni, Vittorio (nipote dell'autore) 23
Veltroni, Vittorio (padre dell'autore) 12-20 49 89 147
Veltroni, Walter (nonno paterno dell'autore) 14
Veronesi, Sandro 177
Vespa, Bruno 21 22
Vianello, Raimondo 147 167 168
Villaggio, Paolo 147
Villeneuve, Gilles 75
Visco, Vincenzo 160
Vittorini, Elio 31
Volli, Ugo 146

Volskij, Arkadij 208

Wallace, George 259
Warhol, Andy 75
Warren, Earl 64
Weber, Max 56 257
Wojtyla, Karol *vedi* Giovanni Paolo II

Yourcenar, Marguerite 74

Zagrebelski, Gustavo 245
Zanicchi, Iva 167 168 170
Zapruder, Abraham 63
Zavoli, Sergio 12 14

INDICE

PARTE PRIMA

IL PRIVATO

La bontà e la durezza .... *pag.* 9
«Per te che non c'eri, ma c'eri» 12
Scuola e fantasia 25
Alla scoperta della politica 29
Nel segno di Berlinguer 38
Tivù come libera scelta 45
Due sogni appesi al muro 56
Comunicare è politica 65
Le domande di seconda fila 69
America: il fascino della democrazia 76
Il mestiere di padre 79
Le domande estreme 87

PARTE SECONDA

LA POLITICA

Un Ulivo per l'Italia 93
Massimo, io vorrei... 99
Idee nuove 108
Le radici della Quercia 125
L'equivoco Berlusconi 134
In viaggio verso l'alternanza 148
Lavoro da direttore 172

Il muro di Predappio 179
Karol il gigante 186
Misteri d'Italia 193
Zapping su Sarajevo 201

PARTE TERZA
IL FUTURO

Pensieri lunghi per il secolo che viene 215
Bit revolution 230
Domani: un mondo sostenibile 241

Indice dei nomi 263

Finito di stampare nel mese di settembre 1995
presso il Nuovo Istituto Italiano d'Arti Grafiche
Bergamo

Printed in Italy